中国少数民族特色村寨

贵州卷 II

CHINA'S ETHNIC VILLAGES
GUIZHOU VOLUME II

贵州省民族宗教事务委员会 编

贵州科技出版社

U0726327

图书在版编目（CIP）数据

中国少数民族特色村寨.贵州卷.II / 贵州省民族
宗教事务委员会编.-- 贵阳：贵州科技出版社，2020.7
ISBN 978-7-5532-0848-0

Ⅰ.①中⋯ Ⅱ.①贵⋯ Ⅲ.①少数民族 - 村落 -
介绍 - 贵州 Ⅳ.① K928.5

中国版本图书馆 CIP 数据核字 (2020) 第 017629 号

中国少数民族特色村寨·贵州卷 II

ZHONGGUO SHAOSHU MINZU TESE CUNZHAI GUIZHOUJUAN Ⅱ

出 版 发 行 / 贵州科技出版社
地　　　址 / 贵阳市中天会展城会展东路 A 座（邮政编码：550081）
网　　　址 / http://www.gzstph.com
出 版 人 / 熊兴平
经　　　销 / 全国各地新华书店
印　　　刷 / 炫彩（天津）印刷有限责任公司
开　　　本 / 889 mm×1194 mm　1/12
印　　　张 / 27.5
字　　　数 / 330 千字
版　　　次 / 2020 年 7 月第 1 版
印　　　次 / 2020 年 7 月第 1 次印刷
书　　　号 / ISBN 978-7-5532-0848-0
定　　　价 / 298.00 元

天猫旗舰店：http://gzkjcbs.tmall.com

《中国少数民族特色村寨·贵州卷 II 》

编 委 会 名 单

石松江　魏华松　张和平　潘　选　徐佑刚　吴建民　徐　飞　蒙洪敏

《中国少数民族特色村寨·贵州卷 II》

图 片 提 供（排名顺序不分先后）

李贵云　潘文帅　周文政　石开保　魏　萍　杨政欣　龙立璧　滕东锋

李玉贵　鲁彦勇　华学彬　孙　超　范国东　伍海岸　唐　波　田　东

左禹华　周　帅　王飞飞

贵州省民族宗教事务委员会

黔东南苗族侗族自治州民族宗教事务委员会

黔南布依族苗族自治州民族宗教事务局

黔西南布依族苗族自治州民族宗教事务委员会

贵阳市民族宗教事务委员会

遵义市民族宗教事务委员会

六盘水市民族宗教事务委员会

安顺市民族宗教事务委员会

铜仁市民族和宗教事务委员会

毕节市民族宗教事务局

贵州新闻图片社

Preface
卷 首 语

　　贵州是多民族共居的省份，根据 2010 年全省第六次人口普查数据，少数民族常住人口 1254.8 万人，占全省总人口的 36.11%。贵州现有 3 个自治州、11 个自治县和 193 个民族乡，有苗族、布依族、侗族、土家族、彝族、仡佬族、水族等 17 个世居少数民族。长期以来，贵州各民族共同团结奋斗、共同繁荣发展，为中华民族繁荣富强不断谱写新的华章。

　　贵州素有"文化千岛"的美誉，少数民族特色村寨资源丰富，在民居风格、村寨风貌、风俗习惯、生态和谐及产业结构等方面都集中体现了民族地区的特点，相对完整地保留了少数民族文化的基因，生动地展现了中华民族的多样性。少数民族特色村寨不仅是传承民族优秀文化的重要载体，更是少数民族和民族地区加快发展的重要资源。

　　2009 年，中华人民共和国国家民族事务委员会（简称"国家民委"）联合财政部启动了少数民族特色村寨保护与发展试点工作，2011 年印发了《少数民族特色村寨保护与发展规划纲要（2011—2015 年）》，全面推进少数民族特色村寨保护与发展工作。2016 年，国务院印发《"十三五"促进民族地区和人口较少民族发展规划》，进一步明确少数民族特色村镇保护发展的目标任务。为更好推动其保护与发展工作，国家民委分别于 2014 年、2017 年、2019 年命名挂牌了 3 批共 1652 个"中国少数民族特色村寨"，贵州 312 个民族村寨入选，数量位居全国第一。

　　我们收集整理贵州省第二批入选"中国少数民族特色村寨"的 151 个村寨的图片资料汇编成册，旨在展示贵州省少数民族特色村寨的风貌，以及在保护传承民族文化、加快经济社会发展、构建民族团结和谐与促进民族乡村振兴等方面的成果，同时更期冀全社会关注、关心和支持这项工作。

　　本书图文资料主要由各市（州）、县（市、区、特区）民族宗教事务部门提供，部分图片为贵州新闻图片社补充，各村寨名称均取自国家民族事务委员会印发的《国家民委关于命名第二批中国少数民族特色村寨的通知》（民委发〔2017〕34 号）文件，本书未做修改。在此对他们的大力支持表示由衷的感谢！由于编者水平及资料来源有限，本书还存在部分遗漏、不足之处，敬请批评指正。

编　者

2019 年 12 月

目录 CONTENTS

黔东南苗族侗族自治州

74 城关镇沙坪村
75 城关镇云台村
76 甘溪乡高碑村
77 马号乡黄古村
78 双井镇平寨村
79 双井镇龙塘村
80 双井镇铜鼓村

73 谷陇镇山坪村

68 台拱街道红阳村
69 方召镇反排村
70 方召镇交汪村
71 老屯乡长滩村

72 报京乡报京村报京大寨

1 三棵树镇南花村南花寨
2 湾水镇洪溪村洪溪寨
3 大风洞乡对江村新寨草寨
4 大风洞乡官庄村官庄寨
5 舟溪镇营盘村营盘苗寨
6 三棵树镇朗利村朗利大寨
7 湾水镇岩寨村岩寨大寨
8 开怀街道棉席村棉席寨
9 开怀街道养朵村养朵大寨
10 碧波镇白秧坪村偿班大寨

11 宣威镇龙江村
12 宣威镇城中村
13 宣威镇卡乌村
14 宣威镇翁保村

15 扬武镇扬颂村
16 扬武镇排莫村
17 排调镇麻鸟村
18 排调镇刘家村
19 雅灰乡送陇村
20 兴仁镇王家村
21 龙泉镇高要村

22 栽麻镇大利村
23 栽麻镇宰荡村

24 西山镇秋卡村
25 丙妹镇岜沙村
26 翠里乡高文村
27 高增乡岜扒村
28 高增乡小黄村
29 下江镇高坪村
30 下江镇良文村
31 加榜乡加车村
32 加鸠镇加翁村

33 丹江镇乌东村
34 西江镇干荣村
35 西江镇麻料村
36 西江镇猫鼻岭村
37 永乐镇乔洛村
38 郎德镇上郎德村
39 郎德镇也改村
40 大塘镇掌坳村
41 大塘镇新桥村
42 望丰乡公统村
43 望丰乡排肖村
44 望丰乡乌响村
45 达地乡也蒙村
46 方祥乡格头村
47 方祥乡陡寨村
48 方祥乡平祥村
49 方祥乡毛坪村

61 注溪镇街院村
62 羊桥土家族乡杨柳村
67 台烈镇寨头村

67 太拥镇昂英村
62 南哨镇反召村
63 久仰镇基佑村

64 坌处镇抱塘村

56 敦寨镇雷屯村
57 彦洞乡瑶白村
58 河口乡文斗村
59 平略镇平敖村
60 茅坪镇茅坪村

50 茅贡镇地扪村
51 双江镇黄岗村
52 水口镇滚政村
53 岩洞镇述洞村
54 永从镇中罗村
55 肇兴镇堂安村

岑巩县
施秉县
黄平县
镇远县
凯里市
台江县
剑河县
三穗县
天柱县
麻江县
锦屏县
雷山县
丹寨县
榕江县
黎平县
从江县

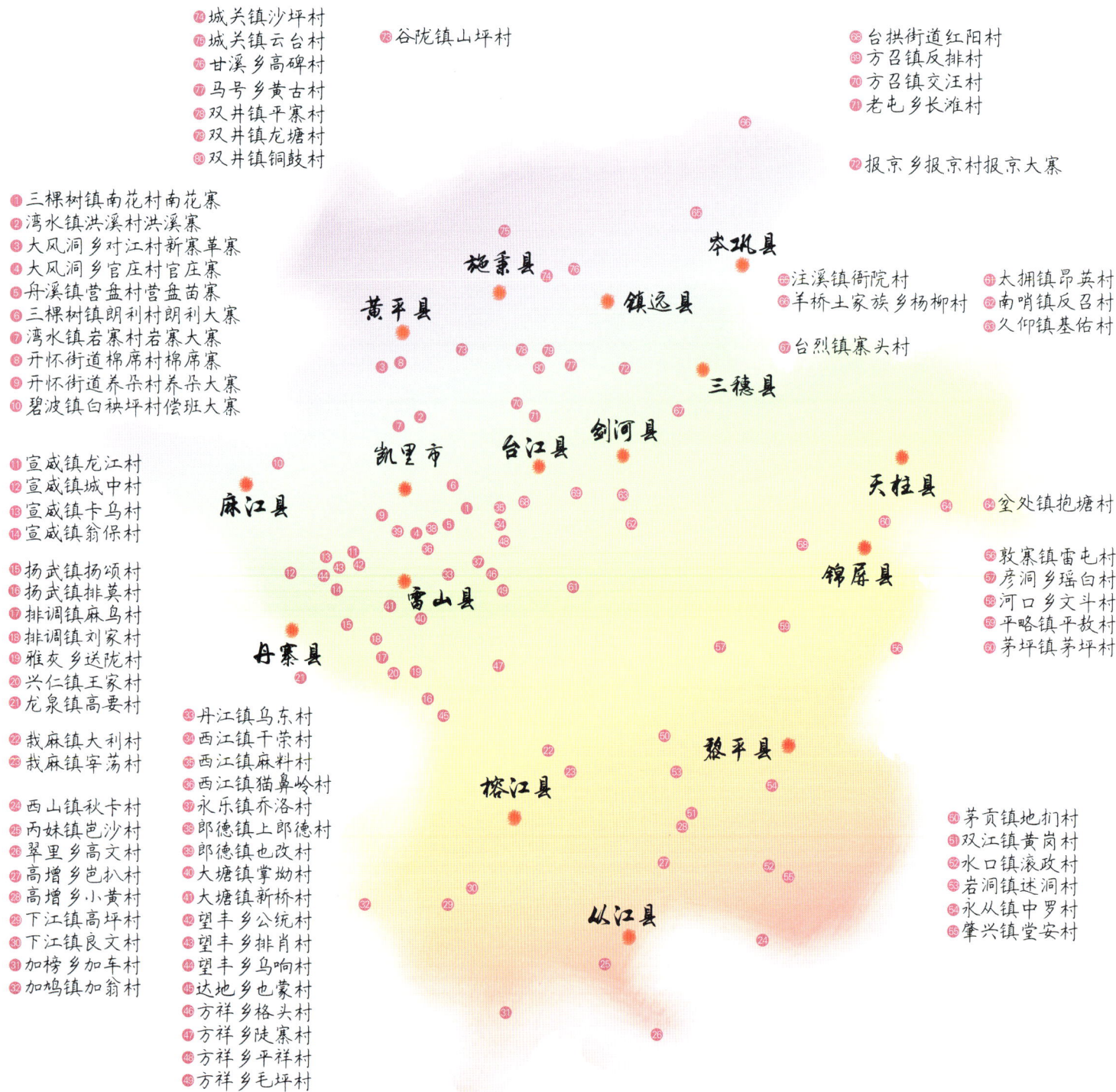

第二批中国少数民族特色村寨黔东南苗族侗族自治州分布示意图

凯里市
三棵树镇南花村南花寨

　　南花寨坐落在巴拉河上游，这里民风淳朴、风景优美、民俗独特，是巴拉河畔典型的长裙苗农耕文化的天然博物馆。南花寨距凯里市 13 km，炉榕（炉山至榕江）公路从寨脚绕河而过。全村辖 4 个村民小组，共 191 户 853 人，全为苗族。南花寨被列为贵州省东线民族风情重点旅游景点村，同时也是贵州省乡村旅游示范点之一，也是全国农业旅游示范带巴拉河景区的一个亮点。

建筑风格 Architectural Style

南花寨有独特的吊脚楼群。屋顶除少数用杉木皮盖之外，大多盖青瓦，平顺严密，大方整齐。吊脚楼一般以四排三间为一幢，有的除了正房外，还搭了一两个"偏厦"。每排木柱一般9根，即"五柱四瓜"。每幢木楼，一般分三层，上层储谷，中层住人，下层楼脚围栏成圈，堆放杂物或关养牲畜。

民族文化 Ethnic Culture

南花寨人民崇尚文明的礼仪风范，有富于哲理的曲艺"嘎百福"、悦耳动听的押调苗歌、内涵丰富的鼓社集会、别具情趣的婚俗礼仪，以及芦笙节等典型的苗族文化。南花寨的服饰以长裙为特色，银饰以大银角为标志，服饰绚丽多彩，制作精美。从某种意义上来说，绚丽多彩的服饰就像一部鲜活历史，从侧面映现出苗族社会发展的概况。

凯里市
湾水镇洪溪村洪溪寨

　　洪溪寨距湾水镇人民政府驻地 1.5 km，位于重安江左岸，是一个依山傍水的苗族村寨。有干塘、大寨、小寨 3 个自然寨。全寨共 441 户 1860 人，全为苗族。洪溪寨的气候属暖温带过渡型季风气候，适于多种农作物生长，是凯里市重要的黑毛猪养殖基地之一。洪溪寨有"银饰制作之乡"的美称。寨里有保存较好的历史古迹和保存完整的苗族传承文化，具有重要的历史文化和苗族文化研究价值。

建筑风格 Architectural Style

洪溪寨历史遗存较多，至今还保留有明清时期的古宅院、石拱寨门、古巷道等。洪溪寨地处清水江重要支流重安江畔，建筑风格沿用木房瓦顶结构。在凯里市各民族村寨中，洪溪寨是古迹遗存最多的村寨之一。

民族文化 Ethnic Culture

游方是洪溪寨男女青年谈情说爱、选择配偶的公开社交活动，多在农闲季节或民族传统节日之际举行。洪溪寨的节日有农历正月十四兄弟姐妹团聚的小年节、农历正月十五的妇女捞鱼节、二月二祭桥节、五月五端午节、七月卯日吃新节、八月十五送子节、九月九打粑粑节等。

凯里市
大风洞乡对江村新寨革寨

　　新寨革寨位于凯里市大风洞镇东南部，距镇人民政府 10 km，与黄平县重安镇隔河相望。全寨共 168 户 848 人，其中革家人 802 人，主要居住着廖、金两大姓，还有少部分杨、罗、吴姓等。新寨革寨粮食作物主要有水稻、玉米、番薯、马铃薯等，经济作物有烤烟、油菜、李子、太子参、花生等，山上盛产松木。

建筑风格 Architectural Style

　　新寨革寨80%的住房为纯木结构，大多数木房建于1930年至新中国成立初期，每家都有一个独立的小院落。屋上盖青瓦。主房一般为三间，配有厢房。中间为堂屋，也是"客厅"，是接待亲友及举办婚丧嫁娶等重要活动的场所；两旁的厢房主要是卧室和厨房。

民族文化 Ethnic Culture

　　新寨革寨的民族文化历史悠久，民风民俗非常浓郁，民族节日有一月十四小年、二月二祭桥节、三月三爬坡节、五月五端午节、七月半、腊月二十三大祭灶等，民族风俗有弓箭崇拜、山歌和酒歌、蜡染和刺绣等，奇异的蜡染和刺绣服饰具有较高的收藏和观赏价值。

凯里市
大风洞乡官庄村官庄寨

  官庄寨位于凯里市大风洞镇玉麟山东麓处，重安江西岸。官庄寨交通便利，距凯黄（凯里至黄平）二级公路官庄段 100 m，距凯余（凯里至余庆）高速公路重安江出口 200 m，距重安镇人民政府所在地 500 m，距凯里市中心 40 km，距省会贵阳 186 km。全寨共 102 户 496 人，其中苗族 428 人。官庄寨属典型的农业村寨，经济以种植业为主，主要作物有水稻、小麦、油菜、玉米等。

建筑风格 Architectural Style

官庄寨建筑文化别具一格，至今还保存着清代的四合院建筑。官庄四合院始建于清乾隆十七年（1752年），至今已有260余年。该四合院建筑雄伟，坐西朝东，占地728 ㎡，建筑面积约为528 ㎡，风格为汉苗结合。该四合院正殿大门两边的木质花窗上动物雕刻栩栩如生，美妙绝伦，花坛上的石雕花图、文字依然可见，独具一格。

民族文化 Ethnic Culture

官庄建寨已超过600年。官庄寨的民族歌舞主要有芦笙舞、板凳舞；苗族服饰属湾水系列；民族节日有农历三月十八的求雨节、农历五月二十六的看鬼节、农历六月的吃新节等；民族饮食以酸汤鱼、鸡稀饭为代表；"求雨""拜佛"为主要的祭祀文化。官庄寨流传有《断头龙的传说》《鬼推磨》《加巴虾》等民间文学作品。

凯里市
舟溪镇营盘村营盘苗寨

　　营盘苗寨位于舟溪镇东面，乌鸦坡和牛角坡两坡之间，全部为山地，分为大营盘、小营盘和下寨3个自然村寨，上下均为梯田包围。大营盘苗语称"咬榜"，为营盘村民委员会驻地，是全村第一大自然寨；小营盘苗语称"养波"，为第二大自然寨。全寨共205户917人，其中苗族864人，占全寨人口的94%。营盘苗寨历史悠久，一代代人创造出了气势恢宏的梯田文化奇迹。主要产业为种植业。

建筑风格 Architectural Style

营盘苗寨内保留有木质结构、工艺精致的吊脚楼，鳞次栉比；寨道纵横交错，四通八达，干净整洁；寨旁建有寨门、风雨长廊等仿古建筑。

民族文化 Ethnic Culture

营盘苗寨苗族文化独特，民风淳朴，人情浓郁，至今还保留有芦笙节、粑糕节、爬坡节、粽粑节等独特的民族节日；保留有远古的苗族古歌、史诗和传说，有着不少的贾师、巫师、芦笙手；还保留有很好的"短裙苗"文化。在语言上，苗语为第一语言，其次为汉语。营盘苗寨传统手工业发达，有着众多的木匠、篾匠、银匠、刺绣手。其中，小营盘的银饰品加工历史悠久，尤为出名。

凯里市
三棵树镇朗利村朗利大寨

总体简介

"朗利"系苗语音译，意为乌利河下游。朗利大寨地处美丽的巴拉河畔，是凯里至西江的必经之地，是一个依山傍水、气候宜人、自然风光旖旎、民族风情浓郁的苗族聚居村寨，距离凯里市19 km。朗利大寨共224户968人，全为苗族。2012年朗利大寨获得黔东南苗族侗族自治州"州级卫生村寨"荣誉称号。

建筑风格 Architectural Style

朗利大寨民居依山而筑，为木质结构吊脚楼式。村寨建筑古朴、自然、和谐，身临其境，给人以心旷神怡、美不胜收之感。

民族文化 Ethnic Culture

朗利大寨的苗族文化丰富多彩。每逢节日，人们身着重彩密绣的民族盛装，披戴各式各样的银饰，从四面八方汇拢过来，唱飞歌、情歌、酒歌，跳芦笙舞、板凳舞、木鼓舞，抢花炮、斗牛、斗鸟等。朗利大寨的苗族服饰，传承了苗族的刺绣和蜡染文化。苗族服饰经过种麻、收麻、绩麻、纺线、漂白、织布等一系列复杂的工艺，再到刺绣、蜡染、裁缝，最后成为一套精美的服装。

凯里市
湾水镇岩寨村岩寨大寨

　　岩寨大寨地跨重安江两岸，东西有一条小溪流入重安江，西、北靠黄平县，南连江口村，东与洪溪寨为邻。全寨共 517 户 2421 人，全为苗族。岩寨大寨属典型的农业村寨，经济以种植业为主，主要种植水稻、小麦、油菜、玉米，经济作物以香葱为主，部分村民从事养羊、服装销售、百货、银饰加工等行业。

建筑风格 Architectural Style

岩寨大寨建筑风格独特，至今保留着古驿道、石门、石墩、石道、石寨墙、石寨门、石拱桥、古水泉、合院民居、民国徽派住宅等，是凯里市历史遗存保存最为完整的村寨。房屋建筑均为木房瓦顶，间有砖房，坐北朝南。

民族文化 Ethnic Culture

岩寨大寨有芦笙堂，民族歌舞主要有苗族古歌、山歌、芦笙舞、板凳舞等。苗族服饰属黄平、施秉、炉山系列。民族节日有春节、腊月芦笙会、二月二、端午节、六月六、七月吃新节、七月半、九月九重阳节等。民族饮食以酸汤菜、鸡稀饭、猪疱汤、腌汤、腊肉为代表。岩寨大寨是湾水镇银匠最多的村寨之一，生产的银饰有头饰、颈饰、胸背饰、腰饰、手镯、脚饰六大类上百个品种。

凯里市
开怀街道棉席村棉席寨

　　棉席寨的苗名为"曼随"，意为非常冷的地方。棉席寨位于凯里市开怀街道西南部 6.5 km 处，距凯里市 15 km，是南来北往的要道关口，地势险恶，既是军事要地，也是历史悠久的自然村寨。全寨共有 426 户 1862 人，全为苗族。经济以水稻生产为主，其次是玉米、高粱、小米、红薯、马铃薯等农作物种植；森林资源丰富，覆盖率达 70%，有上百年的参天古树；褐铁矿储存丰富。

建筑风格 Architectural Style

棉席寨民居全是具有民族特色的吊脚楼和杉木结构的青瓦房，房屋主要以苗族吊脚楼为主。

民族文化 Ethnic Culture

棉席寨有近 500 年的历史。棉席寨有闻名四方的芦笙场，以及从古至今保存完整的高排芦笙。高排芦笙舞蹈具有独特的风姿，在凯里市只有棉席寨继承下来这一传统乐曲表演形式，高排芦笙吹奏起来高声洪亮，气势压倒群芳。

凯里市
开怀街道养朵村养朵大寨

总体简介

　　养朵大寨位于凯里市开怀街道东南面，距凯里市 15 km。东与三棵树镇平寨村接壤，南与雷山县郎德镇乌流村为邻，西抵开怀街道棉塘村，北临开怀街道悦来堡村。养朵大寨辖 1 个村民小组，134 户 672 人，全为苗族。养朵大寨气候温和，土壤肥沃，水资源丰富。主要产业为种植业和养殖业。

建筑风格 Architectural Style

养朵大寨的房屋多数呈吊脚楼形式，民居以苗族吊脚楼为主，寨内有铜鼓广场。

民族文化 Ethnic Culture

养朵大寨是典型的苗族聚居村寨，喜歌善舞。每年农历七月初七是当地的重要节日——尝新节。当地村民会聚集在一起，先由一寨老带领童男童女到附近田间地角进行采新，摘些成熟的谷物瓜果，挂放在古树下，然后杀猪宰羊杀鸡，用整鸡、猪头、羊头、9 串猪肉和 24 碗饭祭祀祖先。

凯里市
碧波镇白秧坪村偿班大寨

偿班大寨，其地名源于畲族语言"相帮"，位于碧波镇西北部，距碧波镇人民政府驻地 5.5 km，距麻江县城 8 km。偿班大寨是一个畲族聚居的村寨，全寨共 259 户 974 人，其中畲族 770 人，占全村人口的 79%。偿班大寨主要以种植水稻、玉米等农作物为主，经济作物有烤烟、辣椒、油菜、药材等。森林资源丰富，植被覆盖率高；矿产资源丰富，以铁矿和重晶石为主。

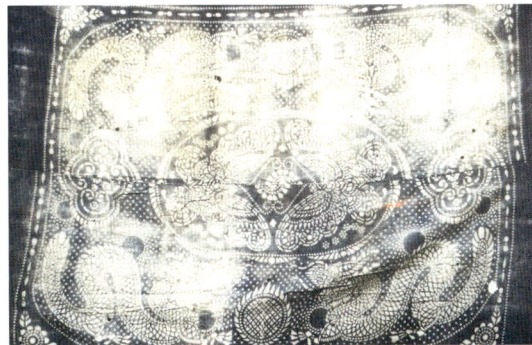

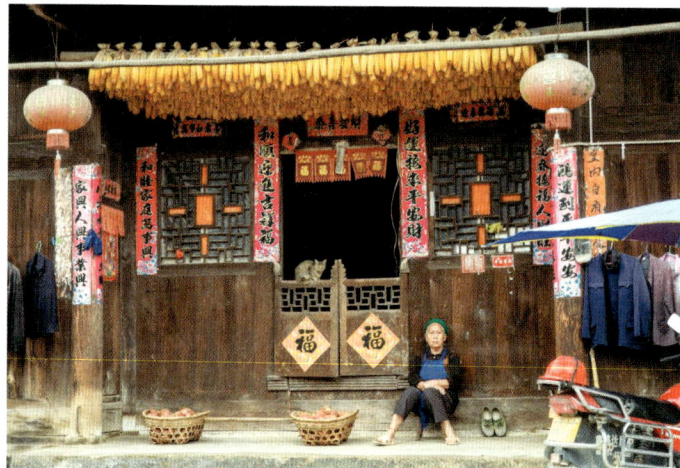

建筑风格 Architectural Style

偿班大寨房屋多建于台地，形式为木结构瓦顶三开间（古时为夜郎式石板房或茅草房，近代演变为土木结构房），即三间正房，正房的一侧建矮间作为灶房或门楼。富有的人家，可依地势在正房前横建厢房一两间。随着社会的发展与进步，人民生活水平的提高，各种砖木结构建筑和砖混结构房屋不断增多。

民族文化 Ethnic Culture

偿班大寨的民族歌舞主要有粑槽舞、芦笙舞、酒歌。民族服饰主要是"凤凰装"，由于受汉文化的影响，如今畲族人的服饰已与汉族无异，只是在节庆或盛典时，以及去世时，穿着传统的服装。民族节日有农历三月的谷雨节，农历五月的大小端午节，腊月的吃泼汤、送灶节等，同时还有"扶禄马""请（放）七姑娘"等祭祀活动。

麻江县
宣威镇龙江村

总体简介

　　龙江村隶属麻江县宣威镇，位于苗岭山脚，清水江边，为典型的苗族聚居村寨。龙江村辖水冲、龙洞、黄土坎、下苗岭、上苗岭等几个自然寨，全村共352户1431人，全为苗族，全村通苗语。经济以农业为主。

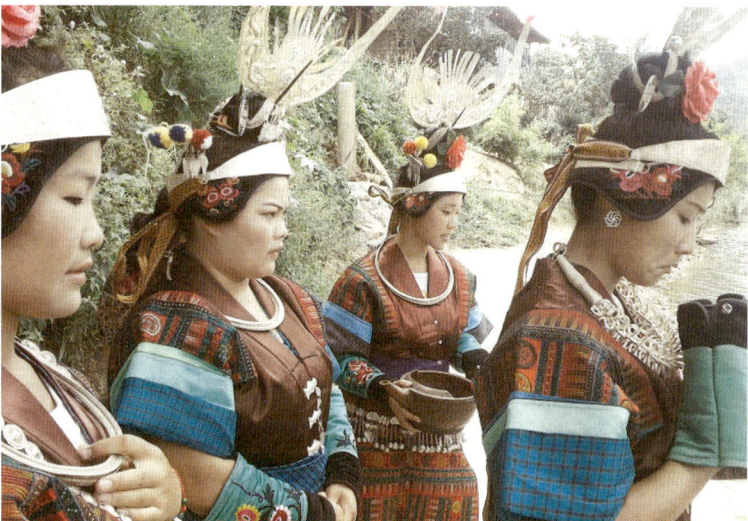

建筑风格 Architectural Style

龙江村的住房一般为干栏式结构的木房，上盖青瓦，下修筑水塘。最为奇特的是村里的蜂巢式粮仓，此类粮仓由几根支柱支撑在水田中，粮仓主体用竹片编制而成，并用黄土在竹片上进行浇筑，上盖以茅草或瓦片，整体呈圆形。此类粮仓远离民房建在水田（水塘）中，并用泥土外装，起到了较好的防鼠、防火、防潮作用。

民族文化 Ethnic Culture

龙江村苗语属汉藏语系，苗瑶语系，苗语支中部语嘎闹分支。龙江村有爬坡节等节日，苗族文化丰富多样，其中芦笙文化影响较大，每年农历正月初五至初七，龙江村定期举行春运会，表演吹芦笙、跳芦笙舞、斗牛、苗歌等节目。

麻江县
宣威镇城中村

总体简介

  城中村隶属麻江县宣威镇，位于麻江县南部，距麻江县城45 km，距宣威镇人民政府驻地8 km。城中村辖瓮城河上下寨及塘卜、麻卡、上铁倘、下铁倘5个自然寨，共540户2410人，其中苗族2400人，几乎所有的村民都会苗语。城中村是一个典型的苗族聚居村寨。

建筑风格 Architectural Style

城中村村民居住在清水江边，住房结构主要有"平房"和"楼房"两种。"平房"是枋连排柱人字架结构木房。每排有"五柱四瓜""三柱两瓜"两种，部分有"六柱三瓜"的。用"穿枋"将柱子连接成排，每排"穿枋"外伸 1~1.5 m 形成"挑檐"，以"楼枕"和"面枋"连接数排排柱形成屋架整体。苗族房屋整体结构中，一般由四排连接形成三间正屋，每排多为"五柱四瓜"；由三排形成两间正屋的，每排多为"三柱两瓜"。

民族文化 Ethnic Culture

城中村的苗族文化风情浓郁，多姿多彩，村民擅长吹芦笙、唱苗歌、跳鼓舞、跳芦笙舞、跳板凳舞、织锦、苗衣制作、苗族刺绣等。每逢七月半，村民有放腰箩鬼、放地牯牛等传统娱乐活动。

麻江县
宣威镇卡乌村

　　卡乌村地处麻江县东南部，距离麻江县城 43 km，与龙江、翁东、枫香、罗伊、城中等苗寨连成一片，形成苗族风情聚居区。全村共 235 户 1000 人，其中苗族 980 人，占全村人口的 98%，几乎所有村民都会苗语。

建筑风格 Architectural Style

卡乌村依山傍水，村寨依山而建，房屋结构主要以吊脚楼为主。吊脚楼结构与平房大体相同。吊脚楼每排的最外一根柱子齐二楼楼板下处栽下，悬在半空，吊脚楼因此得名。吊脚楼一般为"六柱三瓜"或"五柱四瓜"的四排间或五排"四高一矮"结构，带吞口，最外一柱和第二柱之间的空隙为走廊，每排的两根悬柱间连接宽约30 cm 的坐枋，坐枋上置外伸横梭柱，嵌数十条弯月形木条连接楼枕与坐枋，形成靠背状坐倚栏杆，苗族称为"阶息"，作小憩等用。

民族文化 Ethnic Culture

卡乌村苗族同胞善歌善舞，有卡乌祭鼓、跳踩鼓舞等表演形式，文化氛围浓郁。每逢农历二月，村民会举行盛大的祭鼓节日活动，鼓藏头抢着鼓槌扬手猛击铜鼓，鼓声隆隆，震天动天，妇女们穿着艳丽的苗装扭腰跳舞，整个鼓场气势磅礴，人头攒动，热闹非凡，引来附近村寨群众围观。

麻江县
宣威镇翁保村

总体简介

　　翁保村距麻江县城 36 km。村里的苗族有"嘎尤""嘎闹"两支，分布在乌羊麻、罗伊、冬瓜冲等自然寨。全村 628 户 2567 人，其中苗族 2010 人。翁保村的主打产业是太子参，优势产业是蓝莓。

建筑风格 Architectural Style

　　翁保村的民居主要是传统的木房，占建筑总数的95%左右。砖房通过特色民居包装后风格与村寨整体风貌一致。

民族文化 Ethnic Culture

　　翁保村的苗族文化风情多姿多彩，村民擅长吹芦笙、唱苗歌、跳板凳舞、苗衣制作、苗族刺绣。七月半新米节为该支苗族最隆重的节日，届时群众吃新米、捉田鱼、跳芦笙舞、唱苗歌欢庆丰收，晚上村民又齐聚一堂放腰箩鬼、放地牯牛自娱自乐，仪式神秘庄重。

丹寨县
扬武镇扬颂村

总体简介

　　扬颂村位于丹寨县扬武镇东北部，距镇人民政府驻地 9 km，距县城 8 km，交通便利。全村以高山丘陵及沟谷为主，总体地形为东西高，南北低，喀斯特地貌特征非常明显。全村共 219 户 878 人，其中苗族 798 人，占全村人口的 91%，是一个以苗族为主体民族的少数民族聚居村落。

建筑风格 Architectural Style

扬颂村民居依山而建，无论是旧房还是新建房，房子均为干栏式杉木建筑，小青瓦盖顶。部分为典型的苗族吊脚楼；多数为一楼一底，也有二楼一底的；底楼主要存放农具以及作厨房用；二楼用作日常生活休息、用餐、卧宿；三楼为储仓。民居建筑特色和建筑风格保护良好，较好地体现了民族特色文化元素。

民族文化 Ethnic Culture

扬颂村妇女穿着的服装为"八寨"型，有古装和现代装之分。村民历来喜好开展斗牛、斗鸡、扳手劲、扭扁担、摔跤、长跑、登山、民间武术表演等喜闻乐见的民间文娱体育活动。扬颂村主要流传有古歌、情歌、酒歌、出嫁歌、哭丧歌、礼仪歌、季节歌、飞歌等民族歌谣，种类繁多，内容丰富，歌手人才辈出。民族舞蹈有芒筒芦笙舞、板凳舞、跳鼓舞等。民间乐器主要有芦笙、芒筒、唢呐、大号以及树叶等。

丹寨县
扬武镇排莫村

总体简介

排莫村地处扬武镇东南部，距镇人民政府驻地 28 km，东接排调镇双尧村，西靠排倒村，南连争光村，北抵宰沙村。村内有小学、集市和卫生室。排莫村辖 5 个自然寨，10 个村民小组，共634 户 2786 人，其中苗族 2723 人。村内居住有苗族、水族、侗族、汉族等 4 个民族，少数民族占 98%。主要产业是苗族蜡染、水稻种植业。

建筑风格 Architectural Style

排莫村 96% 的建筑都是苗族吊脚楼。排莫村的吊脚楼通常建造在斜坡上，分两层或三层。最上层很矮，只放粮食不住人。楼下堆放杂物或用作牲口圈。两层者则不盖顶层。一般以竹编糊泥作墙，以草盖顶。现多已改为瓦顶。

民族文化 Ethnic Culture

排莫村民风淳朴，民族风情浓厚。每年农历九月的"兔"场天过吃新节，每隔 3 年或 13 年过一次牯藏节。节日期间，放牛斗角，吹笙跳月，踩鼓起舞，热闹非凡；姑娘们身着自制的蜡染盛装云集跳月堂，随芦笙曲和鼓点声的节拍尽情欢跳。排倒、排莫两寨，均专设有跳月堂和斗牛场。

丹寨县
排调镇麻鸟村

　　麻鸟村是苗族聚居的山区旅游村，位于排调镇东南部，距县城 75 km，距镇人民政府驻地 32 km，交通便利。全村共有 7 个村民小组 177 户 789 人，均为苗族。村民主要经济来源为出售粮食和经济作物，以及劳务输出。

建筑风格 Architectural Style

麻鸟村民居是依山而建的歇山式小青瓦顶的木质吊脚楼。房屋均为三层，顶层存放谷物、饲料等生产生活物资；中层为客厅、堂屋、卧室和厨房，堂屋外侧建有独特的"美人靠"，苗语称"阶息"，主要用于乘凉、刺绣和休息，是苗族建筑的一大特色；底层用于存放生产工具，圈养家禽和牲畜，储存肥料或用作厕所等。

民族文化 Ethnic Culture

麻鸟村是"锦鸡舞"的发源地，被誉为芦笙锦鸡舞之乡。麻鸟村还是出了名的"芦笙村"。麻鸟村的芦笙 6 管为一支，分别代表 6 个音，上有共鸣器，下有共鸣筒；3 ～ 5 支为一组，吹奏起来效果较好，旋律丰富，有立体感，艺术表现力较强。每到农闲季节或者春节、三月三、四月八、六月六、吃新节、苗年节等民族节日，村里妇女都会穿上精心制作的节日盛装，自发来到跳月堂跳锦鸡舞。

丹寨县
排调镇刘家村

总体简介

　　刘家村是丹寨县独有的一个清江苗寨，距今已有 340 多年的历史。全村共 229 户 917 人，其中苗族 895 人，占全村人口的 98%。刘家村被列为"国家级历史文化名镇名村""省级少数民族特色村寨""省级历史文化名镇名村"。

建筑风格 Architectural Style

刘家村自然环境保持良好，村寨与自然和谐共生。村寨基本保持了传统格局，街巷体系较为完整。民居建筑保存完好，建筑质量良好且分布集中连片，风貌协调统一，具有典型的地域性或民族性特色，建造工艺独特，细部及装饰十分精美，美学价值高。

民族文化 Ethnic Culture

刘家村的传统节日有春节、苗年节等。其中苗年节一般持续 5 ～ 12 天，在这段时间里，串寨喝酒、跳芦笙舞是必不可少的活动。苗年里的"申"日或相近生肖日，寨中还会隆重"起鼓"，着盛装的男女围着鼓欢跳，名曰"踩鼓"。外寨的男子与寨中姑娘在晚上对歌"游方"，如此数天，至"子"日或"丑"日结束。年轻人们又聚拢到下一个过苗年节的寨子，继续欢庆。

丹寨县
雅灰乡送陇村

总体简介

　　送陇村位于丹寨县雅灰乡西南部，距丹寨县城 69 km，距乡人民政府驻地 4 km。全村辖 6 个自然寨 6 个村民小组，共 302 户 1138 人。送陇村是一个苗族聚居的自然村寨，森林覆盖率为 74.33%，植被丰富，植物种群繁多，古树参天，拥有丰富而珍贵的物质与非物质文化遗产，以茶叶、中药材种植和民族手工刺绣为主导产业。

建筑风格 Architectural Style

送陇村依缓坡建寨，房屋层层叠叠，错落有致。建筑大多为干栏式吊脚木楼，建筑特点反映在屋脊和屋檐上，屋脊两头为牛角翘，屋脊中为古钱币图，屋檐为燕尾翘。

民族文化 Ethnic Culture

送陇村民族节日众多，独具特色的有吃新节、春节、七月半、端午节、芦笙节等。结合不同节令的转换，开展祭祖、祈求丰年的仪式，以及民俗歌舞演出、民俗节庆食品展销和斗牛、斗鸟等民俗体育赛事。送陇村的传统民族手工艺主要有苗族刺绣、苗族服饰制作、锦鸡绣和乐器"古瓢琴"制作等，其中，"百鸟衣"和"古瓢舞"被列为省级非物质文化遗产。

丹寨县
兴仁镇王家村

总体简介

　　王家村位于兴仁镇人民政府驻地东部，东与翻仰村相连，南依福亚村，西与翻杠村隔岩英河相望，北接岩英村。辖王家寨、王情寨 2 个自然寨，4 个村民小组，共 118 户 518 人，全为苗族。因全村均为王姓，故名王家村。主要作物有水稻、玉米、红薯、马铃薯、小米等。矿产资源有铅、锌。

建筑风格 Architectural Style

王家村民居是典型的苗家吊脚楼。木柱、木墙、木楼板，楼皆建于数米高的石堡坎上，房架高 6~7 m，为歇山顶穿斗挑梁木架干栏式楼房，青瓦或杉木皮盖顶。

民族文化 Ethnic Culture

王家村有挑花刺绣、织锦、花带、背带等民族传统手工艺术；有芦笙舞、铜鼓舞、木鼓舞、板凳舞等民间优秀的舞蹈艺术；有苗年节、翻鼓节、吃新节、爬坡节、芦笙节、吃灰节、四月八等民间传统节日；有酸汤鱼等独具风味的民间饮食。王家村是南皋型苗族服饰的典型代表。

丹寨县
龙泉镇高要村

　　高要村位于丹寨县龙泉镇南部，距丹寨县城 8 km，厦蓉（厦门至成都）高速公路、321 国道穿境而过。高要村东抵高排村，南接羊甲村，西达金瓜洞村，北临五里村，四面环山、风景迷人，有着悠久的历史文化和丰富的民族文化。辖 1 个自然寨，6 个村民小组，共 295 户 1259 人，其中苗族 1248 人，占全村人口的 99%，是一个苗族聚居的自然村寨，主要产业为硒锌米、硒锌茶和稻田养鱼。

建筑风格 Architectural Style

高要村是"八寨"苗族文化最典型的苗族村寨，依缓坡建寨，建筑大多为干栏式吊脚木楼，歇山式木屋瓦顶。建筑特点反映在屋脊和屋檐上，屋脊两头为牛角翘，屋脊中为古钱币图，屋檐为燕尾翘。高要村现有木房287栋。

民族文化 Ethnic Culture

高要村流传有"八寨"苗支系古歌、情歌、酒歌、出嫁歌、哭丧歌、礼仪歌、季节歌、飞歌、门间歌、修造歌、生育歌、盘问歌等传统民歌，以及苗族贾理、服饰、历法、婚葬习俗，民族舞蹈有嘎农娜舞、芒筒芦笙舞、跳鼓舞、嘎闹娜优舞等。

黄平县
谷陇镇山坪村

总体简介

　　山坪村地处黄平县谷陇镇北面，距县城 20 km，全村辖 7 个自然寨，13 个村民小组，共 584 户 3062 人，其中苗族 2860 人。山坪村经济以农业为主，主要农作物有水稻、玉米、小米等，主要经济作物有太子参、水晶葡萄、金秋梨、杨梅、核桃等。

建筑风格 Architectural Style

　　山坪村民居全部依山而建，鳞次栉比。住宅房屋建筑分为砖混、砖石和木瓦 3 种结构。砖混和砖石结构建筑多为平屋顶，木瓦结构建筑基本为青瓦坡屋顶，屋架为五柱四瓜三间一楼一底，建筑风貌独特，随着山地起伏叠落在一起，甚为壮观。木瓦结构建筑风格较为统一，民族色彩较为突出。

民族文化 Ethnic Culture

　　山坪村使用苗语，生活习俗保持原貌。民族节日众多，主要节庆有春节、二月二祭桥节、爬坡节、端午节、七月半、吃卯节等，每逢节日，亲友互访团拜，家家户户酒肉飘香，一派欢乐喜庆景象。历史故事有"太平洞传说""太平洞历史""太平洞名字传说"等，有苗族古歌、蜡染和刺绣等非物质文化遗产。民间工艺精湛，有挑花刺绣、织锦、银饰等，有很高的艺术价值。姑娘们编制的细草鞋、菱角包，是送给情侣的礼物。

施秉县
城关镇沙坪村

总体简介

　　沙坪村由菜花湾、沙坪街、皂角屯、翁棚洞、长江路（革家寨）5个自然寨组成，除长江路以外，其余的4个自然寨全部坐落在原生态特色民族文化园区之内。全村共491户1938人，其中苗族1899人，占全村人口的98%。经济以种植业和餐饮业为主。

建筑风格 Architectural Style

　　沙坪村民居多为依山就势而建的吊脚楼，为穿斗式木质结构的干栏式楼房，房基多为两级阶梯，即二楼有一半为地面，另一半为木楼。底层为圈养牲畜、存放农具杂物用。二楼多从侧面上楼，中间前半部为一家人活动的地方，靠檐口装有美人靠。

民族文化 Ethnic Culture

　　沙坪村主要民族节日有过大年、过小年、二月二祭桥节、三月登山节（庙会节）、四月立夏节、五月端午节、六月粽粑节、九月重阳节等。苗族是一个爱唱歌的民族，民族歌曲有苗族大歌、苗族酒歌、苗族飞歌、苗族情歌等，他们总是无数次地重复吟唱，芦笙也吹奏得让人心醉。苗族也是一个爱跳舞的民族，他们的板凳舞、芦笙舞跳出了自己的风格。

施秉县
城关镇云台村

总体简介

  云台村位于施秉县城北方，辖 14 个村民小组。全村共 617 户 2668 人，其中苗族 1988 人，占全村人口的 75%。云台村是汉苗杂居的民族村寨。种植业以水稻、玉米、药材和烤烟为主。

建筑风格 Architectural Style

云台村民居与沙坪村相似，也是多为依山就势而建的吊脚楼，为穿斗式木质结构的干栏式楼房，房基多为两级阶梯，即二楼有一半为地面，另一半为木楼。底层为圈养牲畜、存放农具杂物用。二楼多从侧面上楼，中间前半部为一家人活动的地方，靠檐口装有美人靠。

民族文化 Ethnic Culture

云台村有三月三芦笙节等民族节日，每年农历三月初三，苗族同胞们会相聚云台山登山、拜佛、祈福等，还举行古歌飞歌、跳板凳舞、赛马、斗牛、斗鸟等丰富多彩的民族民间赛事活动，场面气势恢宏，精彩纷呈。声乐方面有酒歌、大歌、飞歌、情歌、丧歌、木叶曲等。器乐方面有芦笙、木鼓、铜鼓等。苗族舞蹈有芦笙舞、铜鼓舞、板凳舞、送神舞等。

施秉县
甘溪乡高碑村

总体简介

　　高碑村距施秉县城15 km，全村由左山背、何家院、谭花、高碑、牛角堆、决基坡、老寨、三千田、王家山、窝当头、过当沟等12个苗族自然寨15个村民小组组成，共有620户2451人，居住着苗族、汉族、土家族等民族，其中苗族有1730人，占全村人口的71%。

建筑风格 Architectural Style

高碑村民居为两层或三层的穿斗式木质结构的干栏式楼房，底层圈养牲畜，二楼中间前半部为客厅，两侧为卧室，三层存放粮食用。从外面看多为悬山顶小青瓦屋面，靠檐口装有美人靠，建筑色彩以杉木色、青黑色、石灰白为主。

民族文化 Ethnic Culture

高碑村的主要民族节日有过大年、过小年、二月祭桥节、四月立夏节、五月端午节、六月过卯节、八月偷瓜节等，其中最隆重的节日是五月端午节，每年农历五月十五高碑村委会都会在高碑湖举行龙舟大赛及民族歌舞表演、传统体育比赛等。

施秉县
马号乡黄古村

　　黄古村位于施秉县南部，距县城 80 km。全村共有 721 户 3305 人，20 个村民小组，均为苗族。黄古村主要生产水稻、玉米、小米、高粱等作物。

建筑风格 Architectural Style

　　黄古村是施秉县木楼建筑保存最完好的村寨，全村民居全都是吊脚楼。吊脚楼一般以四排三间为一幢，有的除了正房外，还搭了一两个"偏厦"。每排木柱一般9根，即"五柱四瓜"。每幢木楼一般分三层。房间宽敞明亮，门窗左右对称。有的苗家还在侧间设有火坑，冬天就在火坑烧火取暖。中堂前有大门，门是两扇，两边各有一窗。中堂的前檐下，都装有靠背栏杆，称"美人靠"。

民族文化 Ethnic Culture

　　黄古村除传统节日春节以外，民族节日较多，比较重大的节日有13年一度的藏鼓节、正月姑妈节、二月十五姊妹节、三月九根节、五月二十七独木龙舟节、六月吃新米节、六月黑糯米饭节、七月十三南瓜节、九月新糍粑节等。

施秉县
双井镇平寨村

总体简介

　　平寨村距双井镇人民政府驻地 3 km，全村共有 7 个自然寨，11 个村民小组，共 505 户 2469 人，其中苗族 2271 人，占全村人口的 92%。平寨村主产水稻、油菜等农作物。

建筑风格 Architectural Style

平寨村以吊脚楼和江南建筑为主。有的江南建筑历史有300年以上，因年久失修，大多已毁坏。平寨街道背后的巴往寨、竹子寨的建筑物仍以吊脚楼为主，100多年以上的古木房共有180多栋。

民族文化 Ethnic Culture

平寨村是一个典型的苗族聚居区，除传统节日春节以外，比较重大的节日有农历三月十五的姊妹节，农历五月二十四的独木龙舟起舟仪式、七月吃新节等。传统舞蹈有木鼓舞和踩鼓舞。苗族传统古歌有酒歌十二路、情歌、飞歌、迁徙歌等。

施秉县
双井镇龙塘村

龙塘村距双井镇人民政府驻地 8 km，全村共有 6 个自然寨，12 个村民小组，共 595 户 2913 人，其中苗族 2389 人，占全村人口的 82%。主要粮食作物为水稻、玉米等，主要经济作物为烤烟、油菜、经果林、桑树。

建筑风格 Architectural Style

　　龙塘村中随处可见具有 200 年以上历史的建筑，村中青砖白墙，飞檐翘角，错落有致，墙上浮雕彩绘，横匾门联，其内容为《孟子》《论语》等儒家经典。同时，还有科学合理的地下、地面沟渠排水系统和布局合理的防火设施，这种防火设施是马头墙。马头墙是一种围护墙，是我国传统建筑中双坡屋顶的山墙形式之一。

民族文化 Ethnic Culture

　　龙塘村的苗族刺绣独特，其图案主要是以鱼、龙、鸟、凤、蝴蝶为代表的动物图案，同时还有一些以枫、花、草、月、云等为代表的自然图案。歌舞丰富多彩，舞蹈以苗族踩鼓舞为主，苗族古歌的酒歌、飞歌盛行。民族节日有春节、元宵、祭桥节、二月姊妹节、五月端午节、六月六过卯节、七月吃新节等。

施秉县
双井镇铜鼓村

总体简介

　　铜鼓村坐落在施秉县城的东南部，距县城 34 km，距双井镇人民政府驻地 3 km。农作物以水稻、油菜为主，经济作物以桃李为主，畜牧业以养鱼、养鸭、养鹅为主。

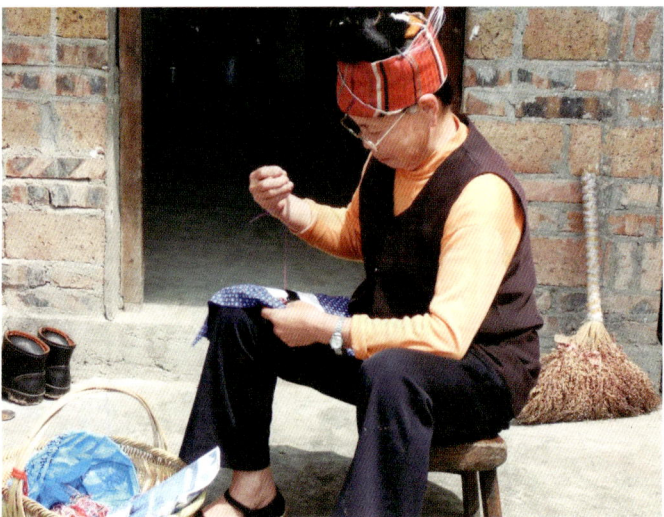

建筑风格 Architectural Style

铜鼓村以吊脚楼和江南建筑为主。目前保存的江南建筑有300年以上的历史，现在还保留有4栋防火墙古建筑。铜鼓寨的建筑物仍以吊脚楼为主，保存100多年以上的古木房共有100多栋。

民族文化 Ethnic Culture

铜鼓村是一个典型的苗族聚居区，除传统节日春节以外，民族节日较多，比较重大的节日有农历二月十五的姑妈节，农历五月二十六的独木龙舟节、七月吃新节等。传统舞蹈有木鼓舞和踩鼓舞。苗族传统古歌有酒歌十二路、情歌、飞歌、迁徙歌等。

镇远县
报京乡报京村报京大寨

总体简介

　　报京大寨在报京乡人民政府所在地，是最大的北侗族村寨，民族文化旅游资源得天独厚，浓郁的侗族风情是镇远乃至黔东南的最大看点之一。报京大寨是黔东南民风民俗保存最完整的北侗民族村寨的代表。经济以农业和外出务工为主。

建筑风格 Architectural Style

报京大寨有着不同于任何其他侗寨的建筑特点：它没有侗族的标志性建筑——风雨桥和鼓楼，但它有自己独特的建筑风格。报京大寨群众居住的房屋全部依山而建，沿山势攀缘直上，全是一楼一底的吊脚楼结构，一楼主要用于养殖，二楼有雕花吊脚、曲形靠背凉凳，是主要的生活场所。

民族文化 Ethnic Culture

报京大寨成立于元代以前，主要是自由迁入。非物质文化遗产丰富，节日众多，除了和本地汉族、苗族群众一样过大年、元宵节、二月二、端午节、四月八、六月六、七月半、中秋节、重阳节等节日外，还有很多带有报京烙印的诸如三月三、吃新节、吃公酒、牯藏节、十月婚庆月、十一月过苗年等节日，以及由这些节日所衍生出的动人故事。

三穗县
台烈镇寨头村

　　寨头村位于贵州省东部，辖28个村民小组，共1397户5226人，其中苗族5200人，占全村人口的99.5%。村民经济收入来源主要为粮食种植业、蔬菜和林木种植业、家禽养殖业、旅游业。

建筑风格 Architectural Style

寨头村民居具有民族特色，建筑为干栏式木房，形成于清代。现有房屋 894 栋，其中干栏式木房 224 栋，砖房 670 栋，特色民居占村寨民居的比例为 56%。

民族文化 Ethnic Culture

寨头村仍保留有二月二襟桥节、苗族姊妹饭节、吃新节、牯藏节等隆重而独特的民族节日；有奇异的苗族拜年、苗族婚俗、苗族丧葬和苗族禁忌等独特的民风民俗；有坐夜歌、情歌、对酒歌、盘古歌，吹芦笙和吹木叶、跳芦笙舞等原生态歌舞；有挑花、刺绣、靛染和编织等精巧的苗族手工艺；有腌鱼、酸汤菜、烂菜、榨辣菜等丰富的美食；有钉耙塘古战场遗址、苗族义军张秀眉的大将万官保牛的英勇事迹和传奇故事。

岑巩县
注溪镇衙院村

总体简介

　　衙院村位于注溪镇南部，距镇人民政府驻地 100 m，距县城 30 km，距州府凯里市 180 km。全村辖 9 个村民小组，399 户 1545 人，其中侗族、土家族共 1094 人，是一个以侗族、土家族为主的杂居村。其中的衙院寨是以土家族为主的村寨，寨内有古庄园遗迹。衙院村主要粮食作物有水稻、玉米，其建有现代农业"思州柚"省级高效农业示范基地，社会经济发展迅速。

建筑风格 Architectural Style

村寨内房屋大多为木质瓦房主屋配两偏房结构，该寨子古代建有 15 座砖石建筑的大窨子，中间有类似北京四合院的木质结构平房数十幢，高墙深院，飞檐翘角，雕窗画栏，古色古香。

民族文化 Ethnic Culture

村寨民俗文化丰富，有"花灯""打金钱棍"、六月六"娃娃场"等。

岑巩县

羊桥土家族乡杨柳村

杨柳村位于岑巩县东北部，距岑巩县城 54 km，是岑巩县羊桥土家族乡土家族居住最集中的村子。全村辖 8 个村民小组，共 352 户 1547 人，其中土家族 723 人，还分布着苗族、侗族等少数民族。经济以种植业为主。

建筑风格 Architectural Style

杨柳村土家族人民依山傍水而居，村寨内民居为主屋配两偏房结构的木质瓦房，特色民居占 90%。

民族文化 Ethnic Culture

杨柳村均为杨姓，据其族谱记载，明正统七年 (公元 1442 年)，从陕西省华阴县 (现华阴市) 辗转迁徙而来，至今已有 500 多年的历史。杨柳村创造和保留了自己独特的民族文化，如"唢呐曲""金钱棍""花灯舞""扫瘟神""薅草锣鼓"及"抬锣"等文体活动和生活习惯。其中，"抬锣"是思州土家族等各族人民以村寨为单位，相互间炫技竞赛的一项时令性习俗活动，传承甚久。

天柱县
垄处镇抱塘村

抱塘村地处天柱县东南部，距县城 46 km。全村辖 7 个村民小组，共 158 户 628 人，其中苗族 580 人，占全村人口的 92%。村寨四周古木参天，现有百年古树 120 余株，杉松杂木青翠成林，森林覆盖率达 90% 以上，盛产杉、松、楠竹和油茶。经济以传统产业为主。

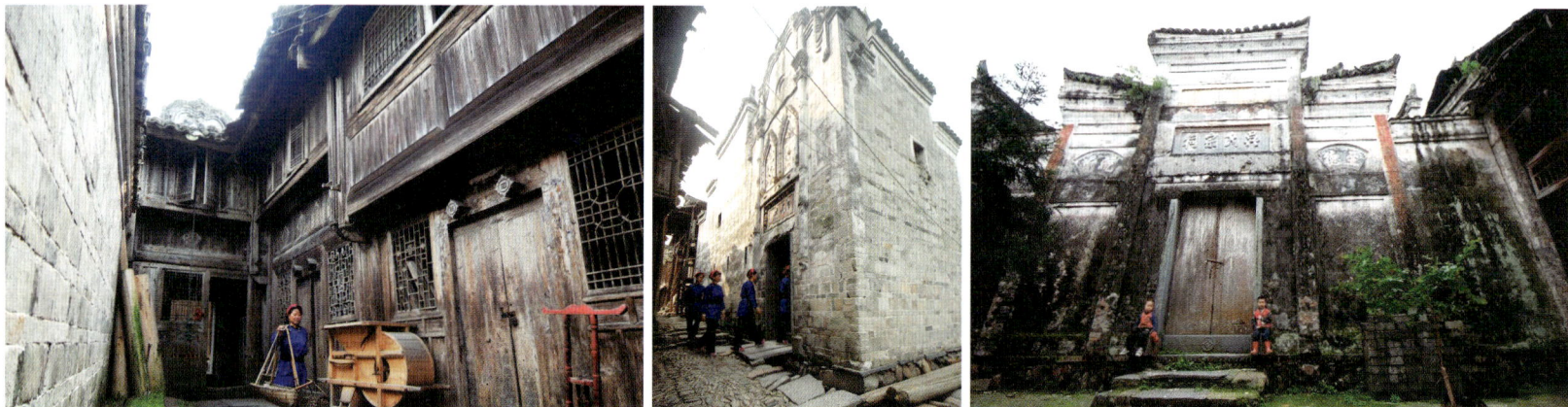

建筑风格 Architectural Style

　　抱塘村建筑风格为苗族干栏式吊脚楼和穿斗排扇木结构建筑，吊脚楼依山而建，多为上下两层四扇三间的穿斗式木结构建筑。村中保存的古建筑群有传统古民居 35 栋，印子屋 7 栋，宗祠 2 座，学馆遗址 1 个，碑刻 8 通等。

民族文化 Ethnic Culture

　　抱塘村至今有 700 多年历史，抱塘农耕文化吸纳了汉文化和西方文化，使之成为多元文化的苗族村寨，苗族、侗族、汉族语言汇聚。少数民族节日丰富，主要有春节、春社、三月三、尝新节、十月节。村内有歌场，每年的农历七月十二为歌节，四乡八邻相聚于此，歌声飞扬、人山人海。民族服饰以"家机布"衣料为主，男子上穿蓝色或青色对襟短衣，内衬白色汗衫，下穿青、蓝色便裤，布带束腰；妇女以红头绳缠头，独辫，披四方青色角巾，上衣下裤系围腰，布带束腰；幼儿多戴狗头帽，卉衣花裤，下捆裙片，头戴银质佛像，戴项圈、银锁和手圈等。

锦屏县
敦寨镇雷屯村

雷屯村位于锦屏县东部，距锦屏县城 45 km。全村共 550 户 2480 人，其中苗族 1784 人，占全村人口的 72%。雷屯村荣获"国家生态家园示范村"、贵州省"十佳乡村"等称号。经济以旅游业和种植业为主。

建筑风格 Architectural Style

雷屯村特色民居大多修建于明清两朝，全寨房屋结构形式格调一致，整齐有序，是一个古民居保存完整的特色苗寨。代表性的建筑有大明楼、朱氏宗祠。朱氏宗祠为典型的徽派建筑风格，粉墙、青瓦、马头墙，祠内白墙上彩绘壁画清晰可见，有怀橘遗亲、扼虎救父、鹿乳奉亲等二十四孝故事。

民族文化 Ethnic Culture

"千年古屯万年楼谁绣井乡，一面青山三面水天宫福地"，这是雷屯村大明楼门前对联，是对雷屯历史、生态、文化最好的诠释。雷屯村村民每当节日或接亲、嫁女、回门认亲、吃满月酒等喜庆之日，三亲六戚或远方的客人会前来祝贺（做客），主人就在寨头或门口以米酒和唱迎客酒歌，劝客人喝拦路酒的特殊方式迎接客人，以表达诚挚和敬意。

锦屏县
彦洞乡瑶白村

　　瑶白村位于锦屏县西北部，距锦屏县城 41 km。全村共有 323 户 1348 人，全为侗族。瑶白村四周群山叠翠，森林覆盖率达 86%。瑶白村被贵州省侗学会命名为"魅力侗寨"，列入第三批中国传统村落名录。经济以林业、中药材种植业和外出务工为主，以养殖业、农作物种植业为辅。

建筑风格 Architectural Style

瑶白村民居依山而建，绝大多数房屋为木质结构，特色建筑以吊脚楼为主，房顶盖木皮或土瓦，"燕子窝"型，三间二层，中间一间八字门嵌入，非常美观，大多建于清代和民国时期。此外，瑶白村还有鼓楼等代表性建筑。

民族文化 Ethnic Culture

瑶白村民风淳朴，民俗独特，民族文化源远流长。民族节日主要有摆古节、侗年、小年，其中最富特色的是摆古节，融歌、舞、戏、说唱、比斗为一体，反映了瑶白人团结和谐、共荣共存、肝胆相照的传统文化，民俗活动有演大戏、祭祖、寻根溯源等，传统服饰以侗帕、侗锦、银饰为特色。

锦屏县
河口乡文斗村

总体简介

　　文斗村位于锦屏县西南部，距县城 30 km。全村共 352 户 1476 人，全为苗族。整个村寨被 600 多棵参天古树环抱，村内千年银杏、几百年的红豆杉群以及古枫香、香樟、楠木连成一片，森林覆盖率达 80% 以上，是一个非常优美的苗族村寨。经济以林业和养殖业为主。

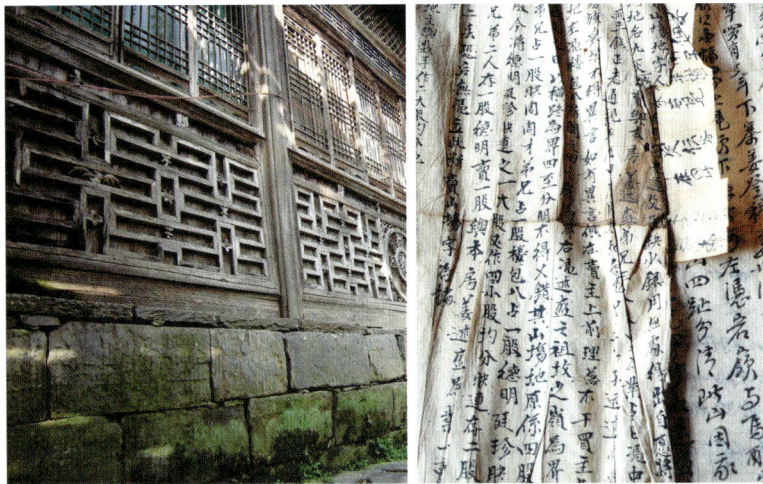

建筑风格 Architectural Style

文斗村民居均系木质吊脚楼，依山而建，古朴优美。屋顶盖土瓦。木楼统一样式，统一朝向，布局整齐，街道青石铺就，蜿蜒曲折环绕。村内有民族文化广场、苗族风雨长廊、斗牛场、歌舞坪等活动场所，有古码头、古寨门、古寨墙、古峰大台、古四合院、古炮台、古军事防御墙、古宅院等历史古迹。

民族文化 Ethnic Culture

文斗村，其村名原为"文陡"，缘于这里山高路陡，是一个有着悠久历史的苗寨，距今有 600 多年的历史。文斗苗寨文化主要有苗族林业契约文化、环境保护文化、婚姻改革文化、碑刻文化，村内老百姓家中都珍藏有清代林业契约，约有 3 万件，是我国乃至全世界现今保存最完整、最系统、最集中的林契文书。

锦屏县
平略镇平敖村

总体简介

　　平敖村位于锦屏县西部，在被称为黔东南屋脊的青山界山脉上。全村共 262 户 1230 人，全为苗族。平敖村为青山界四十八苗寨之首，是历史上黎平、锦屏、剑河三县三角地带中颇有影响力的苗寨，在这片苗族聚居古村落群中具有代表性。村民经济收入主要靠林业。

建筑风格 Architectural Style

平敖村是贵州苗族地区木房保存最完整、最具有代表性的苗寨，民居以吊脚木楼为主，一排排木房建筑鳞次栉比，房顶盖瓦，花格窗，大门多为八字门，门前多为青石镶嵌。

民族文化 Ethnic Culture

平敖村有 700 多年历史，古老而神奇，流传着苗族民间历史故事传说、苗族歌謷、高腔和平腔山歌、侗歌、茶歌、芦笙歌舞。寨上节日活动古老而富有特色，主要是吃牯牲、祭古树、民间斗牛、过苗年；民族服饰以宽松自然、长过膝盖的黑衣、花腰带、黑色折叠式短裙、花边纹条裤腿、黑色头帕为特色；苗族特色食品有酸菜、腌鱼、腊肉、油茶、米酒等；古老的苗族文化有表记、酒令、信仰、家训、禁忌等。

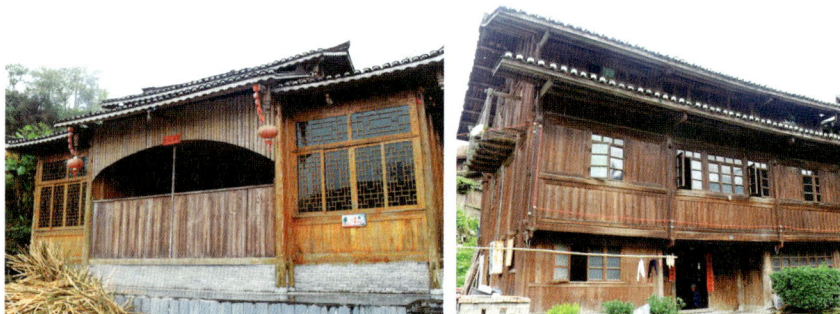

锦屏县
茅坪镇茅坪村

总体简介

　　茅坪村是清水江流域历史文化极富特色的古镇，位于锦屏县东北部，距县城 10 km。全村共 411 户 1688 人，其中苗族 1603 人，占全村人口的 95%，杂居侗族和汉族。经济以种植业为主。

建筑风格 Architectural Style

茅坪村民居建筑结构采用"人"字形坡顶，盖小青瓦，外围砖墙或泥石墙，雕凿精美，端部做成马头状，俗称"马头墙"。茅坪村文笔塔，建于明永乐年间，共7级，登临塔顶可观古镇全景，是茅坪人文蔚起的象征。

民族文化 Ethnic Culture

茅坪村民族文化多姿多彩，有"打老根"、寄拜、踩生等民俗文化。"打老根"是青壮年男性之间结拜兄弟的一种交际方式，一般是在与没有房族关系和亲戚关系的人共同相处和多次交往以后，认为双方关系融洽，情投意合，相互信任，且年龄相差不大，双方有意结为异姓兄弟，即"打老根"。

黎平县
茅贡镇地扪村

总体简介

　　"地扪"，为侗语音译，意为泉水不断涌出的地方。地扪村位于茅贡镇北部，距黎平县城 47 km。该村为茅贡镇境内人口最多的一个村寨，全村辖 11 个村民小组，共 587 户 2686 人，均为侗族。村民经济收入主要靠种植业和养殖业、外出务工。

建筑风格 Architectural Style

地扪村的侗族民居是南方侗族典型的干栏式木楼，因地而建，建在平地上的为平地楼，建在水塘上的为矮脚楼，建在坡坎上的为吊脚楼。木楼层次分明，错落有致，形成了一条条幽深曲折的巷道，巷道铺设有青石板路，通向各家各户。

民族文化 Ethnic Culture

地扪村是侗族传统文化核心村落，是侗戏鼻祖吴文彩的祖源地。传统节日主要有六月六、平安节、千三祭祖节。其中千三祭祖节最为隆重，节日期间村民聚集一起，拦路迎宾、踩堂祭祖、演唱侗戏、吹奏芦笙、放牛打架、鼓楼对歌、亲友叙旧、行歌坐月、吃"合拢饭"。部分老年妇女日常生活中仍穿着侗族传统服装并织染侗布、制作构皮纸等。

黎平县
双江镇黄岗村

总体简介

　　黄岗村位于双江镇东南部，距黎平县城 68 km。全村辖 11 个村民小组，2 个自然寨，大部分居民为侗族，称黄岗侗寨。全村共 369 户 1710 人，其中侗族 1477 人，占全村人口的 86%。经济以农业为主。

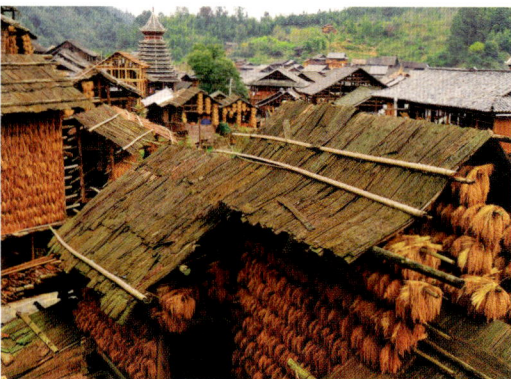

建筑风格 Architectural Style

黄岗村主要特色建筑有鼓楼、禾仓、廊式干栏吊脚木楼等。村内吊脚楼鳞次栉比，鼓楼突兀寨中。2012 年建有 5 座鼓楼，分布在寨内 5 个片区，每个鼓楼都为 13 层。

民族文化 Ethnic Culture

黄岗村是侗族大歌发祥地，黄岗男声侗族大歌久享盛誉，2003 年，唱响在北京举办的侗族大歌世界非物质文化遗产申报会。黄岗村民风民俗古老而醇厚，节日较多，有农历正月初七至初八的"抬官人"节、三月三、六月六、农历六月十五的喊天节等，尤以"抬官人"节、喊天节最为隆重。

黎平县
水口镇滚政村

滚政村距黎平县城 37 km。全村辖 4 个村民小组，共 90 户 363 人，均为侗族。滚政村是一个侗族聚居的典型民族村寨。经济以乡村旅游业为主。

建筑风格 Architectural Style

滚政村房屋建筑均为木质吊脚楼，依山而建。房屋由木柱支撑，分上下两层。吊脚楼上有绕楼的曲廊，曲廊还配有栏杆，除了屋顶盖瓦以外，上上下下全部用杉木建造。

民族文化 Ethnic Culture

滚政村是侗族文化保留较为完好的村寨。侗族人民喜欢吹奏芦笙，每当逢年过节都以吹奏芦笙为乐，且合唱侗族大歌。传统文化有原始纺纱织布、缝衣、编腰带等传统手工艺，特色饮食有侗家腌鱼、侗家腌肉、油茶、烧鱼、紫血肉（血红）、米酒等。

黎平县
岩洞镇述洞村

总体简介

　　述洞村位于岩洞镇西侧，距岩洞镇 9 km。全村辖 5 个村民小组，共 364 户 1562 人，均为侗族。述洞村森林覆盖率为 78%，林地以杉木为主，土地肥沃。村民经济收入主要来源于种植业、养殖业和外出务工。

建筑风格 Architectural Style

述洞村房屋高低错落，上盖青瓦，鳞次栉比。民居一般为三间两层楼，带一耳房，房基宽松可带左右耳房，耳房用架梯上楼，宽敞的耳房还可以当厨房使用。述洞村的特色建筑主要有鼓楼、古卡房、萨坛、禾仓等。其中独柱鼓楼是侗族地区最古老的鼓楼，在 2002 年被列入吉尼斯世界纪录和世界非物质文化遗产名录。

民族文化 Ethnic Culture

述洞村村民喜歌善舞，当地的侗族诗歌韵律严谨，题材多样。舞蹈有芦笙舞、舞龙和舞狮等。饮食以大米为主要食物，村民们会将各种米制成白米饭、花米饭、米粥、花粥、粽子、糍粑等，吃时不用筷子，用手将饭捏成团食用。

黎平县
永从镇中罗村

总体简介

　　中罗村位于永从镇人民政府驻地北面，距永从镇 7 km。全村辖 7 个自然寨，12 个村民小组，共 612 户 2388 人，均为侗族。该村民风淳朴，花桥、鼓楼林立，有"歌海"之美称。经济以农业和养殖业为主。

建筑风格 Architectural Style

中罗村保存了完好的侗族村落传统建筑风格，绝大多数房屋保持侗族传统的卯榫吊脚楼建筑形式，村中有鼓楼、风雨桥等侗族标志性建筑。

民族文化 Ethnic Culture

中罗村民族文化、风俗传承完整，是侗族大歌发源地之一。三龙（中罗村、九龙村合称）侗歌十分丰富，归纳起来有九大类，即大歌、叙事歌、劝酒歌、劝事歌、礼俗歌、抒情歌、骂俏歌、哭歌、儿歌等。新中国成立以来，三龙这个名不见经传的侗家村寨，已有 7 名侗家妹到过中央电视台和 5 名侗家妹到过法国、意大利、新加坡、俄罗斯等十多个国家和地区演唱侗族大歌，侗族大歌闻名海内外。

黎平县
肇兴镇堂安村

堂安村位于肇兴镇东部，距镇人民政府驻地 6.5 km。全村辖 1 个自然寨，5 个村民小组，共 207 户 895 人，均为侗族，是一个侗族聚居村寨。堂安村梯田层叠，植被覆盖率约 57%，主要树种为松树、杉木、枫树，周边的田园风光形成独特的梯田文化。村民经济收入主要来源于传统产业和外出务工。

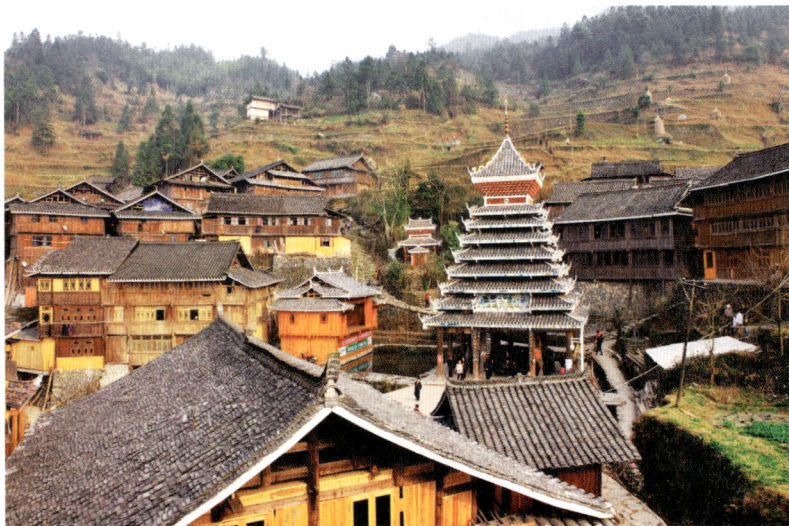

建筑风格 Architectural Style

堂安村依山而建，现有民居建筑 260 余栋，侗族传统吊脚楼民居占民居总数的 95% 以上。堂安村标志性建筑主要有堂安鼓楼、戏台、风雨桥和侗族吊脚楼建筑群。

民族文化 Ethnic Culture

堂安村至今已有 700 多年的历史，民族节日有春社、挂众清、乌米节、插秧节、天贶节、吃新节、芦笙节等，民族习俗方面婚俗、丧葬习俗等独具特色，民间文化方面有鼓楼对唱、拦路歌、敬酒歌、迎宾送客、唱侗戏、祭萨、做寨客等。堂安村依然保持着传统的侗族人民的生产生活方式，侗布制作、刺绣等是侗族日常生活中的重要组成部分。

从江县
西山镇秋卡村

　　秋卡村位于西山镇东南面，距镇人民政府驻地 25 km。全村辖 4 个村民小组，共 165 户 763 人，全为瑶族，是该镇独有的两个瑶族村寨之一。秋卡村青山环绕，绿树成荫，天然竹林映衬而生，山清水秀，森林覆盖率为 73%，植被完好。经济以种植业、旅游业为主。

建筑风格 Architectural Style

秋卡村的瑶族居住在海拔 850 m 处，村寨背靠大山，水源十分丰富，家家用竹筒引水进家，每户均有一口大木制作或大石钻成的水缸。瑶族民居以半吊脚楼式建筑为主，民房错落有致，一半居实地基，一半是吊脚楼，房屋一般为两层。屋檐分两层，楼台顶盖瓦，中间高度距离约为 1 m。每家每户用大锅煮药水作为洗澡水，浴室里存放一个香樟木制的水桶，用于泡澡、洗浴。

民族文化 Ethnic Culture

秋卡村独特的"瑶族药浴"文化资源保存较为完整。"瑶族药浴"是瑶族人世代相传的一种独具特色的洗浴方式，被纳入了国家级非物质文化遗产名录。"瑶族药浴"药方有 188 种，主要由追风伞、半边枫、九龙藤、血藤、节节草等 30 多种中草药组成，主治 47 种疾病。

从江县
丙妹镇岜沙村

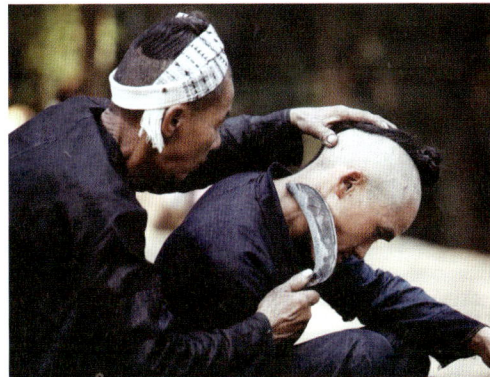

总体简介

岜沙村位于丙妹镇西南面，距从江县城 7.5 km，是一个苗族聚居村寨，现由大寨、仰香寨（宰戈新寨）、王家寨、两角寨（大榕坡新寨）和宰庄寨等 5 个自然寨组成。全村辖 16 个村民小组，共 506 户 2568 人，全为苗族。岜沙村自然生态优美，原生民族文化独具特色，被誉为"中国最后一个枪手部落"、苗族文化"活化石"和"生态博物馆"。经济以旅游业和农业为主。

建筑风格 Architectural Style

岜沙村传统民居体量较小，一般分为矮吊脚楼和楼房吊脚楼。矮吊脚楼不设置底楼，一般在距地面50 cm的柱子上穿枋、铺枕、镶楼板，以隔地防潮，屋内结构与设置基本与楼房相同。楼房一般为三层，底层墙板横装，主要用来关养牲口、家禽和堆放柴火、肥料，二层设火塘、长廊、卧室，三层放置杂物。岜沙禾仓也是用杉树作材料建造而成，悬山屋顶，上盖杉树皮或小青瓦，四柱落地，多呈方形或长方形。

民族文化 Ethnic Culture

岜沙村传统文化保存较好，历史悠久。村民古老发式流行了数千年，男孩子要像女孩儿一样从小蓄发，梳锥髻，只有在年满16岁举行成人礼之后，头发的去留才可凭个人的意愿而定。岜沙村是中国现今唯一一支枪不离身的苗人部落。岜沙人以树为神，千百年来实行环保的丧葬形式——树葬。

从江县
翠里乡高文村

　　高文村位于翠里瑶族壮族乡东面，距从江县城 37.5 km。全村辖 2 个自然寨，4 个村民小组，共 124 户 608 人，全为壮族。村民经济来源以种植业和外出务工为主。

建筑风格 *Architectural Style*

高文村依山傍水，民居继承和发扬了壮族的建筑风格，房顶盖瓦，屋檐扎花边，瓦片两头翘起角，房屋结构为吊脚楼，结构合理美观。特色标志性建筑主要有里阁风雨桥、加艳风雨桥、拉珠风雨桥，特色民居占村寨民居的 85%。

民族文化 *Ethnic Culture*

高文村民风古朴，民族文化氛围浓郁，民族文化丰富多彩。民族节日主要有芦笙变婆节等。每年的正月初四是高文村盛大的芦笙变婆节，这一天会开展一系列民族文化活动，吹芦笙，耍变婆，唱壮歌，邀请十里八乡的村寨前来参加，热闹非凡。高文村经常开展群众性文化活动，组织芦笙舞比赛、壮歌比赛，经常和周边村寨开展"吃相思"走访活动。

从江县
高增乡岜扒村

总体简介

　　岜扒村位于高增乡南面，距从江县城 15 km。岜扒村由岩寨和平寨 2 个自然寨组成，辖 6 个村民小组，共 316 户 1242 余人，其中侗族 1170 人，是侗族聚居地。岜扒村森林资源丰富，森林覆盖率达 72%，是从江"七星侗寨"侗族风情旅游的重点村寨之一。经济以种植业、旅游业为主。

建筑风格 Architectural Style

岜扒村标志性建筑是鼓楼，传统的民族建筑还有戏台、风雨长廊、花桥。2 个自然寨的居民建筑均为侗族独具特色的干栏式吊脚木楼，传统民居达 98%，有的建筑已有 100 多年的历史。

民族文化 Ethnic Culture

岜扒村是多种民间文化融合的侗族村寨，每年农历七月初七（岜扒人的"招龙"节），村民以节日的形式歌唱美好家园，以"招龙"的方式寻求心灵寄托，希望保佑平安和五谷丰登，让"龙"给每一位村民带来吉祥、平安、如意。这一天，除"招龙"仪式外，岜扒村民尽情欢歌，开展侗族大歌、踩歌堂、芦笙舞、行歌坐月、荡秋千等丰富多彩的民间活动。

从江县
高增乡小黄村

　　小黄村位于高增乡北部，距从江县城 25 km。全村辖 5 个自然寨，共 815 户 3800 人，全为侗族。小黄村是由原来的小黄、高黄、新黔 3 个村撤拼后构成，是个神奇而富有诗意的侗寨。经济以种植业和林业为主。

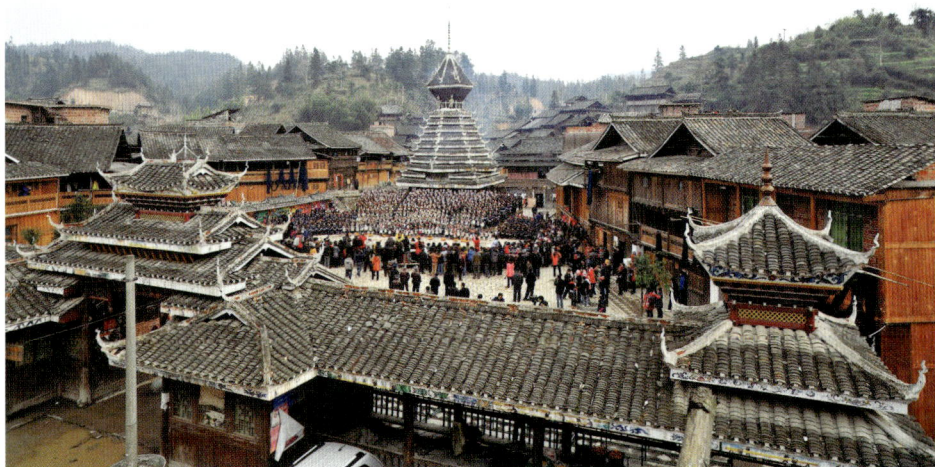

建筑风格 Architectural Style

小黄村的标志性建筑是鼓楼，多数民居是干栏式吊脚木楼，传统民居达 80%。一条小溪穿寨而过，青山环抱，吊脚木楼依山傍水，鼓楼、花桥遥相呼应，戏台、风雨长廊与民居和周围环境协调一致，似一幅清新恬静的田园风光图。

民族文化 Ethnic Culture

小黄村世代传下来的格言是"饭养身、歌养心"。小黄村的节日都是按农历来推算的，主要有春节、二月初七、撒秧节、六月六等。每当节日时，小黄村的老老少少便会盛装打扮，在花桥上、鼓楼中，以侗歌沟通，用侗歌教育年轻人。小黄侗歌被称为"嘎细王"（侗语"小黄歌"），除了著名的大歌外，还有琵琶歌、蝉歌、采堂歌、敬酒歌、劳动歌、叙事歌等几大类 10 余种。在小黄村，男女老少皆以唱歌、会歌为乐，不仅喜庆节日以歌相贺，贵客来临也以歌迎送，侗歌成为小黄村民为人处世、生产劳动、娱乐生活不可缺少的媒介。

从江县
下江镇高坪村

总体简介

　　高坪村位于下江镇西部，距从江县城 52 km。全村辖 4 个村民小组，共 117 户 496 人，全为水族。经济以外出务工为主，以种植业、养殖业为辅。

建筑风格 Architectural Style

　　高坪村位于坪山半山腰，呈南北走向，房屋主要沿主干道两旁布局，特色民居主要以木质结构的吊脚楼为主，建于清朝中期。现有吊脚楼共110栋，分布形式以集中分布为主。吊脚楼既能防寒避暑，又能防毒蛇、野兽，楼板下还可放杂物。高坪村特色民居占村寨民居的比例是94%。特色建筑是文化的结晶，反映了水族人民依山敬山的一面。

民族文化 Ethnic Culture

　　每年农历七月十三日晚，高坪村村民都会身穿水族服饰祭拜祖先，农历七月十四日敲铜鼓过"鬼节"。民族文化有水族服饰、水族银饰、水族铜鼓、水书等，非物质文化有水族铜鼓舞、水歌等。

从江县
下江镇良文村

总体简介

　　良文村位于从江县城北部约 8 km 处，海拔 480 m。于 1956 年组建"良文农业生产合作社"得名。全村土地面积 12 km²，辖 7 个自然寨，10 个村民小组，共有 386 户 1792 人，产业以水稻为主，也产玉米、小米、薯类等农作物。

建筑风格 Architectural Style

村里较为有特色的是建于河溪之上的花桥，该桥除了用石砌墩以外，其余都是以杉木或其他木材作为建筑材料。桥面的楼、廊、柱、枋，都不用钉铆衔接。

民族文化 Ethnic Culture

农历的每月初三、初八是良文村的赶集日。良文村"汤锅"是一道独特的风景线，一些商贩为解赶集者饥饿之忧，会在集市固定的摊位埋锅生火，摆开桌子，供应当地的特色饮食牛（羊）瘪、庖汤。都柳江河水煮河鱼、米豆腐、卷粉、爱玉凉粉等都为当地美食。

从江县
加榜乡加车村

加车村位于从江县西面，距从江县城约 80 km。全村辖 3 个自然寨，8 个村民小组，共 294 户 1213 人，全为苗族。该村产业以旅游业、养殖业和种植业为主。

建筑风格 Architectural Style

加车村以苗族古老的传统民居建筑形式——吊脚楼为主,共有294栋,依山而建,与层层梯田相协调。

民族文化 Ethnic Culture

加车村每年均有形式多样的少数民族传统节日,例如苗年、新米节、芦笙节以及10年一次的牯藏节等。为增进民族团结,丰富少数民族文化,每年在欢庆佳节的同时,加车村都盛情邀请周边和外乡的客人、亲朋好友前来共度佳节,以节为媒,互相交流,传承和弘扬少数民族优秀文化。

从江县
加鸠镇加翁村

加翁村位于从江县加鸠镇西部，距离镇人民政府驻地 6 km。全村辖 10 个村民小组，共 210 户 897 人，全为苗族。加翁村是一个山川秀丽、景色宜人的苗族村寨，是加鸠镇人口第一大村。2015 年被州人民政府列为州级民族民间文化村寨。经济以种植业为主，养殖业为辅。

建筑风格 Architectural Style

　　加翁村的房屋建筑大多有 300 多年的历史，大多建在半山腰或深山脚。村中一幢幢吊脚楼依山而建，鳞次栉比，错落有致。苗族民居一般是三排两间两厦，分上下层，下层用来圈养家畜家禽，设置厕所，堆放杂物和肥料，上层住人，前部是宽宽的走廊。房屋都是以杉木为主要材料，用横梁穿枋严椎斗合，不用铁钉，结构严密牢固，上盖杉树皮。

民族文化 Ethnic Culture

　　加翁村的民族节日有吃牯藏、踩歌堂、农历六月的吃新节和农历十月的苗年节以及 39 年一次的祭祖节（也称牯藏节）等。祭祖节期间，在村两委的组织下，各户杀猪、宰牛、打糍粑，聚邀亲朋跳芦笙舞，一连 13 日，村民身着亲手绣制的花衣，五彩斑斓的百褶裙和花条裙，佩戴各种各样的银花、银角和银冠，踏着优美的芦笙旋律，迈着轻盈的舞步翩翩起舞，手捧牛角酒向前来参加活动的客人频频敬上美酒，以示对宾客的热烈欢迎。

榕江县
栽麻镇大利村

总体简介

　　大利村距榕江县城 23 km。全村辖 1 个自然寨 6 个村民小组，共 309 户 1375 人，均为侗族。2010 年被贵州省环保厅评为"生态村"，2012 年 12 月被列入第一批中国传统村落名录。经济以旅游业和农业为主。

建筑风格 Architectural Style

大利村民居以侗族四合院为主。民居为木质两层或三层结构，两开间至四开间不等，三开间为多，小青瓦覆盖。寨周边有四条石板古道，分别通往栽麻、高硐、小利洞、八匡等地，其中清乾隆年间的石板古道是榕江县境内唯一的、历史悠久的石雕石板古道。村内还有花桥、鼓楼、萨坛、古墓葬、六眼古井、古粮禾谷仓等古建筑群。

民族文化 Ethnic Culture

大利村的侗族大歌和侗戏令人陶醉，侗族大歌以多声部无伴奏为主要形式，它不仅仅是一种音乐形式，更是侗族人民文化及其精神的传承和凝聚，是侗族文化的直接体现。大利村日常菜肴以酸味为主，不仅有酸汤，还有用酸汤做成的各种酸菜、酸肉、酸鱼、酸鸡、酸鸭等。

榕江县

栽麻镇宰荡村

总体简介

宰荡村，距榕江县城 26 km。全村辖 2 个自然寨，5 个村民小组，共 358 户 2850 人，均为侗族。宰荡村地处亚热带湿润性季风气候区，全年光照充分，雨量充沛，林木生长茂盛，植被保护完好。经济以旅游业和农业为主。

建筑风格 Architectural Style

宰荡村现共有传统民居 330 栋，其中清代建筑 13 栋，民国建筑 74 栋。花桥、鼓楼、石板道、吊脚楼等建筑有着极其珍贵的历史价值，建筑风貌各具特色。

民族文化 Ethnic Culture

宰荡村是著名的侗族大歌之乡，是榕江县侗族大歌发源地之一、非物质文化遗产侗族大歌传承基地。

雷山县
丹江镇乌东村

乌东，意为漂在水上的村寨，乌东村位于雷山县城东部，距离县城 18 km。全村辖 4 个村民小组，共 117 户 539 人，其中苗族 532 人。2007 年被联合国教科文组织评为"中国经典村落景观"，2012 年获得"国家级生态环境示范村"称号。经济以种植业为主。

建筑风格 Architectural Style

乌东村特色建筑以木质吊脚楼为主，为穿斗式歇山顶结构，主要建于斜坡上，一般为三层的四榀三间或五榀四间结构。除了吊脚楼外，富有苗族特色的建筑还有水上粮仓、水碾坊、风雨桥、芦笙场、芦笙长廊、寨门长廊等。

民族文化 Ethnic Culture

乌东村具有比较鲜明的苗族特色，由于苗寨规模较小，民俗的典型性和规模不及西江千户苗寨等较大的苗族村寨。乌东苗族传统节日有苗年节、吃新节、牯藏节等。苗年有小年和大年之分，小年一般是在每年农历十月十五以前的"卯"日，也称"放牛节"，大年一般是在每年农历十二月以前的"卯"日，是乌东村一年当中最隆重、热闹的节日，除了传统的唱苗歌、跳芦笙舞外，还举行篮球比赛等文体活动。

雷山县
西江镇干荣村

干荣村位于西江镇西北方向，海拔 820 m，以山地、丘陵地貌为主。全村辖 3 个自然寨，5 个村民小组，共 219 户 835 人，其中苗族 830 人。村内植被保护完好，森林覆盖率高达 80% 以上。经济以种植业、养殖业和旅游业为主。

建筑风格 Architectural Style

干荣村沿山而建，楼群鳞次栉比，房屋为小青瓦盖顶的干栏式木质吊脚楼，占村内建筑的 90%，具有苗族独有建筑风格。吊脚楼通常建造在斜坡上，一般以四排三间为一幢，有的除了正房外，还搭了一两个"偏厦"，每排木柱一般 9 根，即"五柱四瓜"。中堂的前檐下都装有靠背栏杆，即"美人靠"。

民族文化 Ethnic Culture

干荣村依山傍水，苗族风情独特，民族文化资源丰富。民族节日有吃新节、苗年和 13 年一届的牯藏节等。民族歌舞有苗族古歌、飞歌、酒歌、情歌、芦笙舞、铜鼓舞和板凳舞等。寨内的苗民热情好客，能歌善舞，以歌传史，以歌传情，以舞抒怀，以酒为礼。

雷山县
西江镇麻料村

麻料村位于雷山县城东北，距县城 45 km，是雷山县东北边缘的山村苗寨。全村辖 8 个村民小组，共 180 户人口 799 人，其中苗族 780 人。经济以种植业、养殖业和手工业为主。

建筑风格 Architectural Style

　　麻料村依山傍水，房屋依山而建。民居以干栏式建筑——吊脚木楼为主，占村内建筑 90% 以上。每幢木楼一般分三层，上层储谷，中层住人，下层楼脚围栏成圈，堆放杂物或关养牲畜。

民族文化 Ethnic Culture

　　麻料村是一个典型的苗族古村落。民族节日丰富多彩，有苗年节、吃新节、牯藏节等节日，民族文化浓郁，银饰、服饰、饮食、建筑等独具特色，古朴典雅，富有极其深远的文化内涵。民歌有情歌、飞歌、嘎别福歌等。村民历来有从事银饰品加工的传统，素有"银匠村"的美誉，工艺祖传，代代传承，逐渐升华，从业历史悠久，据传已有三四千年的历史，银锦工艺精深细腻，雕花、塑龙惹人喜爱，名声远扬四海。

雷山县
西江镇猫鼻岭村

总体简介

猫鼻岭村，苗语称为"欧一"，位于西江镇西南部，距镇人民政府驻地 25 km。全村辖 10 个村民小组，共 241 户 957 人，其中苗族 945 人。经济以农业和种植业为主。

建筑风格 Architectural Style

猫鼻岭村地处山梁，住地倾斜，梯形环坡，块状聚落。民居主要以干栏式吊脚木楼为主，占村内建筑的 90% 以上，主要为砖木结构。村内有保留完好的苗族民居、铜鼓广场等干栏式特色建筑。

民族文化 Ethnic Culture

猫鼻岭村民族节日主要有扫寨节、吃新节、老年节、苗年、招龙节和牯藏节。民族歌舞有苗族古歌、飞歌、嘎别福歌、贾里辞和芦笙舞、铜鼓舞、板凳舞等。牯藏节有大牯、小牯之分，小牯每年一次，期间举行斗牛、吹芦笙、跳舞等娱乐活动；大牯每13 年举行一次，轮到之寨为东道主，邀请远方亲朋好友参加。牯藏节的重要内容是杀牛祭祖。

雷山县
永乐镇乔洛村

乔洛村位于雷山县永乐镇北部，雷公山国家级自然保护区境内。全村共 274 户 1138 人，其中苗族 1120 人，占全村人口的 98%，世居韦、吴、蒋、台等姓氏。村寨形成于明朝"改土归流"时期。经济以种植业和养殖业为主。

建筑风格 Architectural Style

乔洛村民居主要以苗族特色木质吊脚楼为主，以村规民约的方式保护了该村 98% 的木质房屋和 90% 的吊脚楼。

民族文化 Ethnic Culture

乔洛村传统节日有 13 年一次的牯藏节、三月三祭桥节、六月六吃新节、十月苗年节等，每到节日村民都会自行举行唱苗歌、跳铜鼓舞、跳芦笙舞等民族活动。

雷山县
郎德镇上郎德村

　　上郎德村位于郎德镇北部，属雷山县郎德镇管辖，距县城15 km。全村辖2个自然寨，共213户880人，其中苗族862人。1993年被省文化厅命名为"民族歌舞之乡"，1996年被文化部命名为"中国民间艺术之乡"，2010年被公布为"中国历史文化名村"。经济以旅游业、民族手工业、种植业和养殖业为主。

建筑风格 Architectural Style

上郎德村依山而建，傍水而居，南高北低。房屋为苗族干栏式木质吊脚楼，共114栋，青瓦木壁，鳞次栉比，错落有致，多数房子已有上百年的历史。吊脚楼一般面阔三间，上下三层，底层用以关牛关猪等，安碓安磨，中层是全家活动的中心。家家户户的堂屋外廊上都安有"美人靠"或"吴王靠"的曲木栏杆，堂屋大门的连楹安有一对木制水牛角。

民族文化 Ethnic Culture

上郎德村苗族风情独特，民族文化资源丰富。民族节日主要有吃新节、苗年、牯藏节和招龙节。寨内的苗族人民热情好客，能歌善舞，以歌传史，以歌传情，以舞抒怀，以酒为礼，民族歌舞有苗族古歌、飞歌、酒歌、情歌、嘎百福、贾理、丧葬歌以及芦笙舞、铜鼓舞和板凳舞等，在这里村民世世代代传承民族文化。

雷山县
郎德镇也改村

　　也改村位于郎德镇西北部，距雷山县城 23 km。全村辖 1 个自然寨，11 个村民小组，共 170 户 804 人，全为苗族。经济以旅游业、种植业和养殖业为主。

建筑风格 Architectural Style

也改村的房屋依山而建，民居以干栏式吊脚木楼为主，青瓦木壁，鳞次栉比，错落有致。村内建筑90%以上都是吊脚木楼。

民族文化 Ethnic Culture

也改村民风淳朴，有丰富的苗族酒文化；民族节日多，称为"大节三六九，小节天天有"。苗族人民能歌善舞，热情好客，保存了最原生态的民族文化风俗和自然环境，村内传承着苗族飞歌、芦笙舞等非物质文化遗产，主要节日有苗年节、吃新节、牯藏节等，节日氛围浓厚。牯藏节有大牯、小牯之分，小牯每年一次，邀请亲朋好友聚会，举行斗牛、吹芦笙、跳舞等活动，大牯每13年举行一次，邀请远方亲朋好友参加。牯藏节重要内容为杀牛祭祖。

雷山县
大塘镇掌坳村

掌坳村位于大塘镇东部，距雷山县城 6 km，素有"铜鼓之乡""民族歌舞之乡"等美誉，是铜鼓舞的发源地。全村辖 2 个自然寨，5 个村民小组，共 179 户 791 人，全为苗族，以吴、杨氏为主。掌坳村铜鼓舞在 2014 年贵州省第八届少数民族传统体育运动会民族舞蹈大赛中，荣获金奖。经济以养殖业为主。

建筑风格 Architectural Style

掌坳村为苗族聚集地，在山坳中建村，坐东南向西北。房屋多为木质结构吊脚木楼，共有 176 栋房屋，其中木质吊脚楼有 168 栋，占建筑总数量的 95.5%，木质吊脚楼覆盖率高，至今保存完好、超过百年的纯木质吊脚楼有 12 栋。掌坳村还有百年古屋等建筑。

民族文化 Ethnic Culture

掌坳村民族文化独树一帜，在雷山县境内的苗族同胞们都以跳芦笙舞为乐的大环境下，掌坳村以跳铜鼓舞一枝独秀，并延续不衰，昌盛至今。逢年过节时，寨内均会举行跳铜鼓舞的活动，邻近村寨苗族来此汇集都会击鼓狂舞欢歌，掌坳因此也被誉为铜鼓舞发源之地和铜鼓舞传承之乡。古文化方面有"五古"，分别是古情树、古井、祈福桥、古墓群、古战壕，还有村级文化历史博物馆。村内家家户户均会用苗家传统手艺酿造米酒、制作苗族节日盛装。

雷山县
大塘镇新桥村

新桥村位于雷山县的东南端，距县城 13 km。全村辖 3 个自然寨，8 个村民小组，共 241 户 1021 人，均为超短裙苗族。1994年被列为贵州省东线民族风情重点旅游景点村，被誉为"超短裙苗第一村"。经济以旅游业为主。

建筑风格 Architectural Style

新桥村房屋为木质结构的吊脚木楼，共有木质吊脚楼220栋。村寨中央有世界上独一无二、别具一格的"水上粮仓"，共有76个，具有防鼠、防虫、防火的作用，是新桥村先民的一大创造，是"超短裙"先祖的智慧建筑。

民族文化 Ethnic Culture

新桥村的民族节日有爬坡节、吃新节、大小苗年节、春节、牯藏节等。其独创的"锦鸡舞"颇受游客喜爱。苗歌有情歌、飞歌、酒歌、理歌等，悠扬缠绵，歌唱形式因场合而定。苗族斗牛文化久盛不衰，俗称"牛打角"。新桥村至今仍保留着原汁原味的唐朝头式发髻、宋式的穿戴服饰、明清的建筑风格、魏晋歌舞的遗风。

雷山县
望丰乡公统村

总体简介

　　公统村位于望丰乡西北部，距雷山县城 28 km。全村辖 7 个自然寨，9 个村民小组，共 253 户 1144 人，全为苗族（属中裙苗），有余、李、王、刘、潘五个姓氏。经济以养殖业、种植业为主。

建筑风格 Architectural Style

公统村建筑均为穿斗式木结构。吊脚楼大多为四榀三间，上下三层，房屋多为斜山顶。大门装有牛角，意为保一家平安。几乎所有吊脚楼的封檐板都着意刻成拱形桥，将"桥"刻在封檐板上，以此记载古代居住习惯。

民族文化 Ethnic Culture

公统村的民族节日主要有吃新节和过年。吃新节为每年农历六月、七月的第一个"卯"日，也称秧苞节和谷穗节，吃新节一般要开展斗牛活动。过年主要开展跳芦笙舞活动，时间为过年后的第七天，时限 3 天。据传公统村的老芦笙场已有数百年历史，民族歌舞有古歌、酒歌、情歌、飞歌等。公统村妇女喜好织锦、刺绣，织锦主要用于彩带、绵带、锦帕、背带，刺绣主要用于装饰衣服、围腰，刺绣与织锦以花、鸟、鱼、虫图案为主。

雷山县
望丰乡排肖村

总体简介

　　排肖村位于望丰乡西北部，距雷山县城 26 km。全村辖 4 个自然寨，6 个村民小组，共 260 户 1139 人，全为苗族，有余、文、龙 3 姓。排肖村四面环山，山高谷深，植被丰富，种类繁多。经济以种植业为主。

建筑风格 Architectural Style

排肖村建筑均为清一色的穿斗式木质结构。大门装有牛角，意为可保一家平安。几乎所有吊脚木楼的封檐板都特意刻成拱桥形。

民族文化 Ethnic Culture

排肖村历史悠久，民族风情浓郁。民族节日有招龙节、牯藏节、吃新节、苗年节等，节日里举行斗牛、斗鸟、斗羊、跳铜鼓舞、跳芦笙舞、赛马等丰富的具有民族特色的活动。其中较为隆重的招龙节，苗语叫"弄勒达昂"，其意就是本寨招回"龙神"。招龙节是每13年过一次，连续过3年，第三年最为热闹，时间是猴年（申年）农历二月的猴月。招龙节属于国家级非物质文化遗产。排肖村与其他苗寨一样，有传统的长裙苗服饰、银饰。

雷山县
望丰乡乌响村

总体简介

　　乌响村位于望丰乡西部，距雷山县城 21 km。全村辖 4 个自然寨，10 个村民小组，共 215 户 930 人，全为苗族，有李、吴两姓。全村植被丰富，种类繁多，森林覆盖率达 69.4%。经济以养殖业、种植业为主。

建筑风格 Architectural Style

乌响村建筑均为穿斗式木质结构。吊脚楼依山而建，大多为四榀三间、上下三层，屋面多为斜山顶。大门装有牛角，意为可保一家平安。

民族文化 Ethnic Culture

乌响村是苗族长裙支系聚集的一个古村落，寨内生态保持良好，民族文化厚重。民族节日主要有牯藏节、苗年节、吃新节，喝米酒、唱飞歌、踩铜鼓、跳芦笙舞是民族文化的主要表现形式。苗族吃新节要提前一两天用糯米包粽粑，过节那天，各家都要杀鸡、鸭等来祭祀祖先。

雷山县
达地乡也蒙村

总体简介

　　也蒙村位于达地水族乡西南部，距乡人民政府驻地 10 km。全村辖 6 个自然寨，10 个村民小组，共 250 户 1053 人。村内主要居住苗族，其次为水族。也蒙村于 2007 年被列为雷山县民族旅游村寨。经济以种植业和养殖业为主。

建筑风格 Architectural Style

也蒙村吊脚楼的封檐板刻成拱桥形，将"桥"刻于封檐板上，以此记载古代居住习惯，认为可消灾纳福；大门装有牛角，意为可保一家平安；门槛高，苗俗认为有利于财不外溢；窗户外侧为走廊，窗不用支摘式，而用上下推拉式。全村共有260多栋房屋，其中木质吊脚楼有259栋，占总数的99%。

民族文化 Ethnic Culture

也蒙村素有"百鸟衣乡""古瓢舞之乡"等美誉，百鸟衣和古瓢舞远近闻名，耿老木老人的自制成衣最具代表性。村内歌舞种类较多，传承至今有10余种，如古瓢舞、芦笙舞、板凳舞、铜鼓舞等；苗歌有情歌、飞歌、酒歌等，悠扬缠绵，歌唱形式因场合而定；民族节日有瓜年节、吃新节等。

雷山县
方祥乡格头村

总体简介

格头村位于雷公山自然保护区核心区，辖 3 个村民小组，共 145 户 563 人，全为苗族，是一个典型的雷公山山区苗寨。寨内郁郁葱葱，森林覆盖率达 88%，有成片的国家二级保护植物台湾杉。主要产业为种植业。

建筑风格 Architectural Style

格头村民居为干栏式木房建筑风格，房屋布局错落有致，连片分布。一栋栋吊脚楼坐落在河流两岸，青瓦吊脚楼疏密有致地建在近山麓处的山坳斜坡上，曲径回廊，5 条花街通向寨中，像太阳的光芒四射。主要文物古迹有古建筑群等。

民族文化 Ethnic Culture

格头村的传统节日有插秧节、开秧门、吃新节、新米节、小苗年、大苗年、"戌日节"等。特色饮食主要有糯米、米酒、酸汤、辣椒、黑毛猪、稻田鲤鱼。传统手工艺有木工、织布、刺绣等。民族服饰多种多样，节庆主要以长裙佩戴蝴蝶图文银饰和头顶牛角花冠为主，日常生活穿着以刺绣树叶和花瓣为主的肚兜简装，头顶"扎苗揪揪"并佩戴插花，十分引人注目。

雷山县
方祥乡陡寨村

　　陡寨村苗语称"八溜"，地处雷公山腹地东北面，距乡人民政府驻地1 km。全村辖2个自然寨，9个村民小组，共251户933人，全为苗族，是一个典型的雷公山山区苗寨。经济以种植业和养殖业为主。

建筑风格 Architectural Style

陡寨村房屋为木质顶间青瓦吊脚楼，分布在三道陡壁斜坡上，呈环山状聚落，坐北向南或坐西向东。寨子散落在半山腰上，地势陡峭险要，村子四面均被层层梯田所环绕，是遗承于 700 年前的干栏式建筑风格。房子布局错落有致，村容寨貌原始古朴，别具一格。

民族文化 Ethnic Culture

陡寨村传统佳节以吃新节和苗年节为主，吃新节在每年农历六月初六，苗年节在每年农历十月初八，吃新节属于农事祭祀类节日，这也是苗族除牯藏节、苗年以外最隆重的节日。苗年节是苗族最隆重的节日，是一个集庆祝、纪念和祭祀为一体的隆重节日，也是一个维系苗族族情、亲情和友情的重要节日。

雷山县
方祥乡平祥村

总体简介

平祥村苗语称"仿降"，位于雷山县东部，形成于明代时期。全村辖 7 个村民小组，共 236 户 821 人，全为苗族。经济以养殖业、种植业为主。

建筑风格 Architectural Style

平祥村的建筑为遗承于700年前的干栏式建筑。寨内有一座建于民国时期的两层木楼，曾经为学校教学楼，现在是方祥乡稻作博物馆，属于县级文物保护单位。

民族文化 Ethnic Culture

平祥村的高排芦笙文化传承得较好，每逢苗年节，都要定时吹奏6~8天，男女老少、亲戚朋友同场翩翩起舞。现在芦笙舞蹈成了雷山县民俗民间文化旅游的代表。

雷山县
方祥乡毛坪村

总体简介

　　毛坪村位于雷公山自然保护区东南部，距雷山县城 47 km。全村共 232 户 1013 人，全为苗族。村寨有较好的生态环境，地表资源丰富，经济以种植业和养殖业为主。

建筑风格 Architectural Style

毛坪村分散于山林梯田之间，若隐若现。房屋为干栏式建筑，布局错落有致，集中连片分布。

民族文化 Ethnic Culture

毛坪村民族风情浓厚，村民淳朴、好客、热情大方，民俗文化、节日独具特色。毛坪村受外界影响较小，保留着原汁原味的苗族风情。苗族吃新节这一天，村民们早早来到田间，精心摘取颗粒饱满的稻穗捆扎成稻束，把它们悬挂在农舍门厅的两旁，祭拜谷神与祖先，祈祷今年五谷丰收、家人健康。苗年节是为了庆祝丰收的日子，每到苗年，人们喜爱的芦笙就可以搬出来尽情欢跳。

台江县
台拱街道红阳村

总体简介

红阳村隶属台拱街道，位于台江县东南部，距县城 18 km。全村辖 9 个自然寨，7 个村民小组，共 589 户 2661 人，均为苗族。红阳村被誉为"千年古寨"。经济以旅游业、种植业和养殖业为主。

南宫森林公园·冬

建筑风格 Architectural Style

红阳村村貌十分古朴，苗家房舍依山而建，鳞次栉比，结构较为独特，均为清一色的古典式吊脚楼。

民族文化 Ethnic Culture

红阳村传统节日有祭祖节、祭桥节、吃新节、吃卯节和苗年节等，素有"大节三六九，小节天天有"之称。民族歌舞有苗族飞歌、苗族情歌、高排芦笙舞、板凳舞和木鼓舞等。民族文化有苗族曲艺"嘎百福"说唱艺术，巧夺天工、精美绝伦的挑花刺绣服饰，妙趣横生的儿童斗木牛，丰富多彩的民间口头文学，等等。这里曾有清雍正十三年（1735 年）苗族起义领袖包利王故居及保留完好的包利练兵场，有从岩隙中喷洒而出的包利泉、包利王英勇就义后的包利墓及山脊上的包利哨。

台江县
方召镇反排村

总体简介

　　反排，苗语音译为"方白"，意为住在高山上的苗族。反排村是一个历史悠久、古色古香的苗族村寨，位于台江县东南面，距县城 26 km。反排村被省文化厅授予"苗族木鼓舞之乡"称号，被上海、深圳摄影家协会授牌为摄影创作基地，2013 年入选第二批中国传统村落名录。经济以旅游业和农业为主。

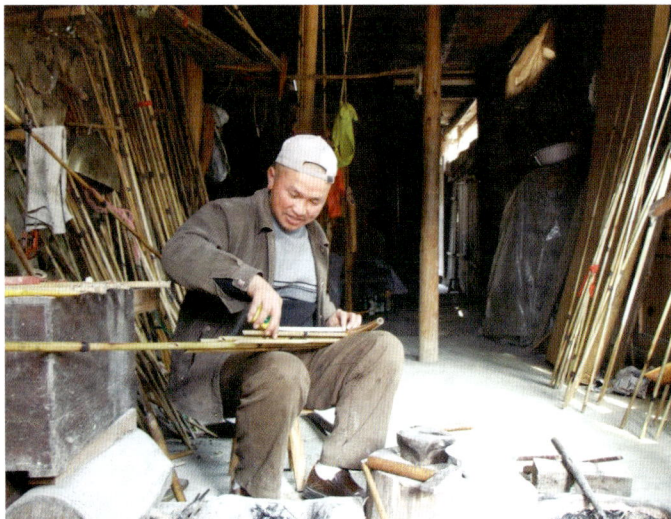

建筑风格 Architectural Style

反排村村寨布局宏伟，绝大部分为木质房屋，传统建筑约占 99%，苗族传统民居元素多，如吊脚楼、美人靠等。

民族文化 Ethnic Culture

反排村的民族节日有二月二敬桥节、十月苗年节、牯藏节等，非物质文化遗产有反排木鼓舞、多声部情歌。其中，反排木鼓舞以其粗犷豪放、飘逸潇洒、刚劲有力的特色而被誉为"东方迪斯科"，闻名遐迩，誉满海外。

台江县
方召镇交汪村

总体简介

　　交汪村位于方召镇东部，距台江县城 22 km。全村辖 6 个村民小组，共 801 户 3066 人，均为苗族。交汪村是台江县境内最大的苗寨。2013 年入选第二批中国传统村落名录。经济以种植业为主。

建筑风格 Architectural Style

交汪村村寨布局宏伟，绝大部分为木质房屋，传统建筑约占 95%，苗族传统民居元素多，如吊脚楼、美人靠等，民居建筑保存完好。村寨吊脚楼依山而建，错落有致。

民族文化 Ethnic Culture

交汪村历史悠久，民俗文化独特，是方白、方秀、久仰三系苗文化区的中心和交汇地。民族服饰与方召一带相同，拥有精致的苗族服饰。民族歌舞主要有苗族古歌、敬酒歌、方召情歌以及木鼓舞。民族节日主要有二月二敬桥节、三月爬坡节、五月开秧节、十月秋收节。民族文化活动有斗牛、踩芦笙、爬坡节等。

台江县
老屯乡长滩村

　　长滩村位于台江县东北面、老屯乡南侧，距县城 20 km。全村辖 3 个村民小组，共 308 户 1125 人，其中苗族 1103 人。长滩大坝盛产稻米，巴拉河水产丰富，因此长滩村素有"鱼米之乡"的美誉。经济以种植业、养殖业为主。

建筑风格 Architectural Style

长滩村民居主要以木质结构的苗族吊脚楼为主，建筑依山傍水，错落有致。现有保存完好的清代徽派建筑4栋，遗址2处，上百年历史的苗族房屋25栋。

民族文化 Ethnic Culture

长滩村民族风情浓郁，苗族文化深厚，村民能歌善舞。民族节日有探母节、敬桥节、姊妹节、敬牛节、龙舟节、吃卯节、花脸节、苗年节等。长滩村巧夺天工的银饰、刺绣、剪纸工艺等民俗文化保存完好。

剑河县
太拥镇昂英村

　　昂英村位于剑河、榕江、雷山和台江四县交界处。村寨驻地海拔 650 m，温暖湿润，雨量充沛，原始森林密布，溪流纵横，瀑布成群，野生珍稀动植物种类繁多，是集地理、人文、动植物科考及探险旅游为一体理想目的地。全村共 198 户 988 人。

建筑风格 Architectural Style

昂英村依山傍水，村寨依山而建，沿等高线排列，错落有致，村内建筑以苗族吊脚楼为主。苗族建筑风格浓郁，居住房屋多为木质建筑，院落、楼阁设有美人靠，屋顶盖小青瓦。

民族文化 Ethnic Culture

昂英村至今仍保存着丰富多样的传统民俗，如每逢龙年举行一次的招龙祭祖活动。主要的节日有二月招龙节、二月二祭桥节、三月粑节、四月八、端午节、六月六、吃新节、禾蔸节、吃卯、稻草节、苗年节、牯藏节等，节日气氛较为浓郁。经常举办跳芦笙舞、斗鸡、斗牛、斗鸟、唱山歌（苗歌和当地民歌）等民族运动，还有篮球、跑步、拔河、象棋等竞技比赛。

剑河县
南哨镇反召村

总体简介

　　反召村位于剑河县城东南部、南哨镇西部，距县城 69 km，距镇人民政府驻地 7 km。全村辖反召一寨，共 80 户 359 人，其中苗族、侗族共 340 人，占全村人口的 95%。经济以养殖业为主。

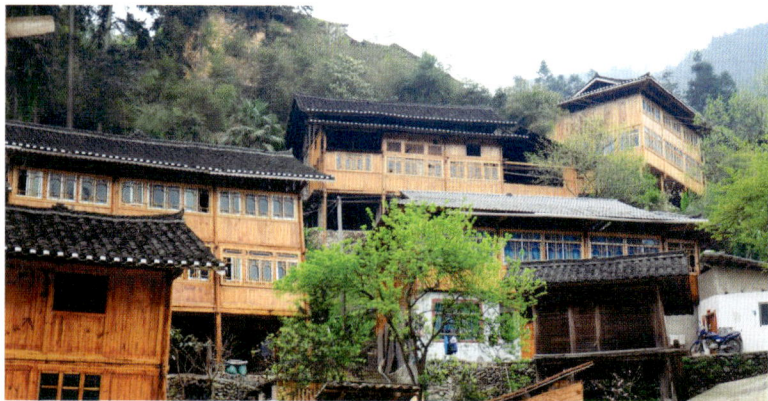

建筑风格 Architectural Style

反召村依山而建，有民居 80 余栋，组成一个完整的传统民居群。村落整体风貌协调统一，环境优美，其传统建筑形式均为全木结构。

民族文化 Ethnic Culture

反召村民风淳朴、民俗丰富。该村传统习俗、节日、苗歌、刺绣技艺、传统木建筑技艺等传承良好，有着较高的民俗文化价值，村民完好地传承着农耕手工木建筑技艺、建筑理念、古歌、手工艺等民族文化。反召村民族节日有二月二祭桥节、芦笙节等；苗族古歌已有千年历史，主要是唱苗族从东方迁徙到当地的过程，是世代传唱的民间文学与民间音乐形式。自古以来，村民身上的衣服都是自己种棉，自己织、染、绣等，一套成品衣饰要十几道工艺才能完成，有较高的美学价值。

剑河县
久仰镇基佑村

    基佑村是个非常原生态的苗族村寨。寨子四周参天古木环抱，白鹭齐聚树梢，山下溪水潺潺，默默滋润着大片良田。这里的部分苗族村民至今仍过着"刀耕火种"的生活，保存和延续着本民族古老而独特的民族文化。

建筑风格 Architectural Style

　　寨内有全木结构的吊脚楼群。古香古色的吊脚楼是苗族民居的主要形式，吊脚楼上盖瓦，梁柱板壁全用桐油反复涂抹，风吹日晒，乌黑发亮。屋前砌有青石板小坪，搁有农具、风车等，屋前后栽有枫香树或芭蕉林。吊脚楼通常分两层，上下铺楼板，楼上择通风向阳处开窗。窗棂花形千姿百态，有双凤朝阳、喜鹊闹海、狮子滚球等。

民族文化 Ethnic Culture

　　基佑村的传统手工艺保存较好，有自己的民族服装。基佑村多声部情歌代代相传，非常有名，被列入了国家非物质文化遗产名录。基佑村被誉为"中国最早最美的原生态和声情歌之乡"。

黔南布依族苗族自治州

瓮安县

仙桥乡大花水村麒麟山苗寨

福泉市

贵定县

龙里县

都匀市　新场村格多苗寨

长顺县　惠水县

普安镇野记古寨

都江镇来术村

归兰水族乡奉合村椰木寨

三合街道办事处排烧村

三都水族自治县

平塘县

都江镇怎雷村

独山县

九阡镇水各村

九阡镇石板寨

玉屏街道办事处水甫村水笕古寨

罗甸县

荔波县

瑶山瑶族乡菇类村董蒙寨

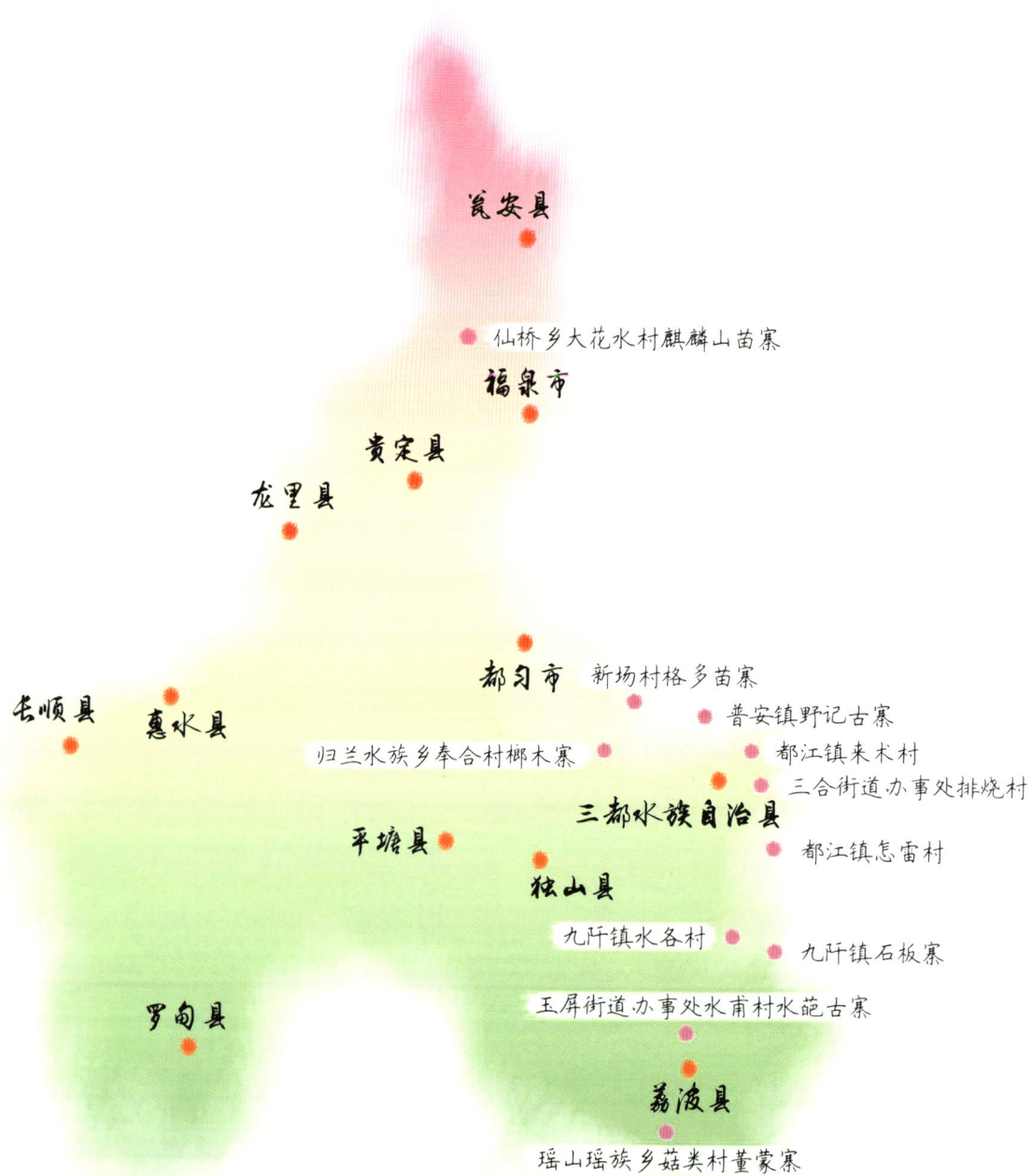

第二批中国少数民族特色村寨黔南布依族苗族自治州分布示意图

都匀市

归兰水族乡奉合村榔木寨

　　榔木寨位于归兰水族乡东面，距都匀市 41 km。全寨共 87 户 453 人，其中水族 408 人，占全村人口的 90%。榔木寨是以水族为主的村寨，善于"农耕"。经济以种植业为主，以养殖业和外出务工为辅。

建筑风格 Architectural Style

椰木寨依山而建，传统建筑以木质结构吊脚楼为主，形成于元代以前，至今全寨建筑已发展到 80 多幢，分布较为集中，老式吊脚楼群占村内建筑 90% 以上。

民族文化 Ethnic Culture

椰木寨因寨中拥有那些上千年椰木树而得名，寨中民族文化氛围浓厚，村民勤劳朴实。培养有芦笙队、水族歌舞队、长号队、剪纸队。传统民族节日有春节、水族端节等，主要乐器有长号、唢呐、芦笙、芒筒，主要舞蹈有芦笙舞、花灯舞，工艺品有剪纸、刺绣、织布、银饰等。椰木寨有水族婚礼、扫寨、座桥等活动，保留着水族传统的习俗、饮食习惯。

福泉市
仙桥乡大花水村麒麟山苗寨

总体简介

　　麒麟山苗寨位于仙桥乡西部，距福泉市 34 km。全寨共 80 户 308 人，均为苗族。苗寨内古树参天，有 113 棵百年古树，环境优美，风景宜人。经济以传统产业为主。

建筑风格 Architectural Style

麒麟山苗寨形成于明朝初年，当时苗族的一支部落由于战争迁徙至清水江沿岸，后来在麒麟山定居下来。寨子房屋建筑独具特色，以木瓦结构为主，形式多样，至今保留有许多吊脚楼，其中吊脚楼又分姑娘楼和媳妇楼。

民族文化 Ethnic Culture

麒麟山苗寨文化底蕴深厚，有蜡染、刺绣等非物质文化，有斗牛节、跳圆节、杀鱼节等民族传统节日，还有特色的活豆腐、酸汤腊肉、糍粑等传统饮食。

三都水族自治县

都江镇怎雷村

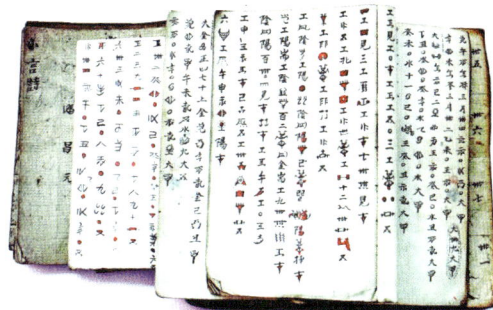

总体简介

　　怎雷村位于都江镇东部，距镇人民政府驻地 5 km。全村辖 4 个自然寨，5 个村民小组，共 232 户 1064 人，主要聚居着水族和苗族同胞。2002 年被列为贵州省首批民族文化保护村寨，2010 年被列为"中国历史文化名村"。经济以农业和林业为主。

建筑风格 Architectural Style

怎雷村共有民居 200 余栋，均为传统的干栏式建筑，其中百年以上民居有 14 栋，禾仓 110 栋。传统建筑多为单体两层建筑，少为三层，民居依山而建，均不在一个平面上，形成立体的建筑空间。

民族文化 Ethnic Culture

怎雷村历史悠久，据寨老介绍，已有 10 代人（约 300 年）之久。村中民族文化丰富多彩，有水族端节、苗族吃新节等节日，民族歌舞有水族民歌、水族跳斗角舞、水族跳铜鼓舞、苗族跳古瓢舞等，非物质文化有水族马尾绣工艺、水族石崇拜、水族纺织工艺、水族婚礼、苗族跳芦笙舞、苗族刺绣、织锦工艺、乡土文化景观等。

三都水族自治县
普安镇野记古寨

总体简介

野记古寨位于普安镇东南部，距三都县城 15 km。全寨共 241 户 1241 人，苗族占全村人口的 90%，另居住少数水族和布依族，是一个典型的以苗族为主、多民族聚居的寨子。寨中有丰富的矿产资源，有千年红豆杉、金丝楠木、枫树、倒鳞木等珍稀植物。经济以种植业、农业和林业为主。

建筑风格 Architectural Style

　　野记古寨民居共有 215 栋，均为传统的干栏式建筑，多为单体两层建筑，少数为三层。

民族文化 Ethnic Culture

　　野记古寨是一个具有近千年历史的自然古寨，民族文化丰富多彩。古寨婚俗方式有自主自由式、说合自由式、说合古典式，苗族婚姻过程为青年游方—试婚—举行结婚仪式—考婚—成家。民风民俗有斗牛、扫寨等。蜡染是苗族世代传承的传统技艺，古称"蜡缬"，苗语称"务图"，意为"蜡染服"，采用靛蓝染色的蜡染花布，青底白花，具有浓郁的民族风情和乡土气息，是我国独具一格的民族艺术之花。

三都水族自治县
九阡镇水各村

水各村地处九阡镇西南端，距三都县城 65 km，是荔波樟江国家级风景名胜区樟江河（水春河）源头。全村辖 15 个村民小组，共 618 户 3000 人，水族占全村人口的 99%。经济以旅游业和种植业为主。

建筑风格 *Architectural Style*

水各村位于大山余脉上挑坡，民居共有 200 余栋，全为干栏式建筑，寨内建筑物主要围绕中心点而建，户户相携，独具特色，民族风情浓郁。民居依山而建，均不在一个平面上，形成立体的建筑空间。

民族文化 *Ethnic Culture*

水各村有着悠久的历史文化和优美的自然环境，是中国水族卯文化发源地，是九阡酒、九阡李之乡。民族节日主要有水族端节、卯节，民族歌舞有铜鼓舞等，名胜古迹有仙人桥、山河瀑布、石棺墓、石砌城墙等，村内水族纺织工艺、水族民歌、水族婚礼、水族丧葬等非物质文化保存完好。

三都水族自治县

九阡镇石板寨

总体简介

石板寨属石板村的一个自然寨，位于九阡镇东北面，距三都县城 73 km。全寨辖 4 个村民小组，共 160 户 808 人，均为水族。经济以农业和林业为主。

建筑风格 Architectural Style

石板寨形成于元代以前，至今保留水族传统干栏式建筑，房屋修建年代从清代伊始，传统建筑数量占村内建筑总数的 95%。

民族文化 Ethnic Culture

石板寨的民族节日有端节、寅坡、卯节、额节、敬遗节等。民族歌舞有双歌、单歌、兜歌和水族铜鼓舞、芦笙舞、斗角舞等。传统文化有水文字及以其著编的"水书"，主要用来记载水族的天文、地理、宗教、民俗、伦理、哲学等文化信息，主要借助花、鸟、虫、鱼等自然界中的事物以及一些图腾物如龙等来描绘。2002 年 3 月，"水书"纳入首批"中国档案文献遗产名录"，至今仍以活态方式传承。

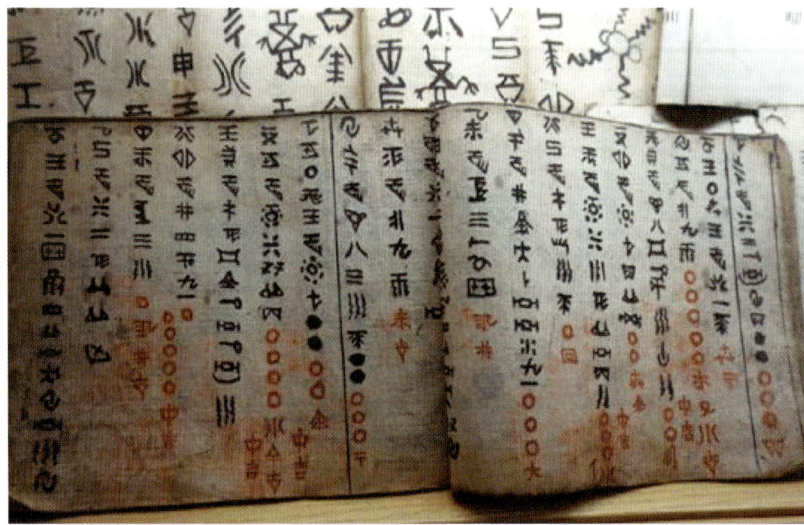

三都水族自治县
都江镇来术村

总体简介

　　来术村地处都江镇西北面，距三都县城 30 km。全村分为上半村和下半村，共 217 户 938 人，其中苗族 735 人。经济以农业和林业为主。

建筑风格 Architectural Style

来术村传统民居坐西向东，南北相延。这类建筑对朝向特别讲究，都是请苗族"先生"择吉日破土建房，为此，全寨的民居建筑朝向一致。传统建筑多为单体两层建筑，少为三层。民居依山而建，均不在一个平面，成梯叠状，一种是干栏式建筑，一种是美人靠式建筑，上下两层立柱相互连通。

民族文化 Ethnic Culture

来术村民族节日主要有吃新节、粽粑节和尝新节。吃新节又叫新米节，每年农历九月上旬的"卯"场天，就是一年一度的吃新节，这天晚上，家家户户都举行庄严而隆重的祭祖活动。民族歌舞有苗族铜鼓、古瓢舞、踩月亮舞蹈、铜鼓舞、板凳舞、芦笙舞、莽铜等。民族传统手工艺有苗族传统纺织工艺、苗族服饰、苗族编花带、苗族刺绣等。

三都水族自治县
三合街道办事处排烧村

　　排烧村位于三合街道东南部，距三都县城 17 km。全村辖 8 个村民小组，共 358 户 1539 人，其中苗族 298 户 1285 人，占全村人口的 83%，是黔南第一大苗族聚居村寨和贵州省第二大苗寨（仅次于西江苗寨）。排烧村被列入第一批中国传统村落名录。经济以农业和林业为主。

建筑风格 Architectural Style

排烧村民房与周围高耸的楠竹相称依托，上下成叠状，形成"天人合一"的宜人、朴实、优美的人居环境。村内有古树、古井、百年粮仓及错落有致的瓦木结构楼房等特色建筑，其中传统干栏式民居 295 栋。苗族传统干栏式木质建筑形成于清末，约占村内建筑的 95%。

民族文化 Ethnic Culture

排烧村主要以高坡苗族文化和水族文化为主，村民主要讲苗语和水语，传统节日主要有苗族吃新节、苗族新年和水族端节。每逢苗族吃新节和苗族新年，村民开展斗牛、吹芦笙、跳月等活动。民俗文化有苗族织锦、苗族刺绣等传统手工艺。

荔波县
玉屏街道办事处水甫村水葩古寨

总体简介

　　水葩古寨位于荔波县北面，距县城 12 km。水葩古寨地处国家级森林公园兰鼎山脚，是荔波县水族聚集的民族村寨，中国水书研究基地。全寨共 41 户 187 人，均为水族。水葩古寨有着厚重的民族文化沉淀、优美的自然风光和便利的交通条件，经济以旅游业和林业为主。

建筑风格 Architectural Style

水菴古寨民居以干栏式木房为主，共有 30 多栋，至今已有 100 多年历史，占村内建筑的 60%；还有 20 余栋外立面改造成新建砖房，风格与木房格调一致，占村内建筑的 40%。

民族文化 Ethnic Culture

水菴古寨属荔波水利土语区，水书习俗传承源远流长，以誉称"东方情人节"的水族卯节第三卯为最隆重的民族节日，寨内水族民歌、服饰、舞蹈、木石工艺等传统文化氛围浓厚，供奉山石、古树等显示了水族人民"万物有灵、万物平等"的信仰和"与人为善、与自然和谐共处"的世界观。

荔波县
瑶山瑶族乡菇类村董蒙寨

　　董蒙寨坐落在茂兰国家级森林自然保护区边缘，距瑶山瑶族乡人民政府驻地 10 km。全村共 57 户 250 人，均为瑶族，被联合国教科文组织认定为本民族文化保留最完整的族群之一——白裤瑶，被誉为"人类文明的活化石"。经济以养殖业为主。

建筑风格 Architectural Style

董蒙寨现有乡土建筑 57 栋、粮仓 57 个，房屋建筑以木质结构吊脚楼为主，村落依山而建，民居集中连片，用当地盛产的杉木，搭建成两层楼的木构架，柱子因坡就势、长短不一地架立在坡上。瑶族禾仓建筑最为原始独特，分圆仓和方仓、单仓和夫妻仓或姊妹仓。

民族文化 Ethnic Culture

董蒙寨至今仍保存完整的白裤瑶民风民俗，特别是婚丧喜庆等民风民俗丰富多彩，拥有自己独具一格的服饰文化、铜鼓文化、陀螺文化等。董蒙村民俗文化有白裤瑶葬俗、瑶族服饰、长席宴、猴鼓舞、瑶族蜡染、陀螺、鬼节、铜鼓、织布、瑶族刺绣、瑶族歌曲等。

都匀经济开发区
新场村格多苗寨

总体简介

　　格多苗寨距都匀城区约40 km，辖11个自然寨，12个村民小组，共723户3323人，其中苗族3123人，占全寨人口的94%。格多苗寨苗族属于中部方言苗族。经济以种植业、养殖业为主。

建筑风格 Architectural Style

格多苗寨建筑以苗族吊脚楼为主，保留苗族干栏式吊脚楼特色，依山而建，从山脚修到山腰，鳞次栉比，房屋多为木质结构，具有典型的苗寨风格。

民族文化 Ethnic Culture

格多苗寨是黔南最具有特色的苗族村寨之一，村民至今保留民族传统服装，过苗家节日，遵守苗家礼仪，内部用苗语交流，苗家风情十分浓郁。民族文化节日有四月八、六月六、吃新节、苗年和迎雷节，民俗活动有"祭天神"。格多苗寨有种类繁多的民族乐器，如芦笙、莽筒、苗长号、木鼓等。

黔西南布依族苗族自治州

普安县

晴隆县

巴铃镇绿荫河社区

兴仁市

贞丰县

桑郎镇桑郎村

龙广镇联新村

望谟县

冗渡镇大寨村

王母街道甘莱村

冗渡镇咸旁村

兴义市

安龙县

万峰湖镇坝盘村

蔗香镇蔗香村

册亨县

南盘江镇南龙古寨

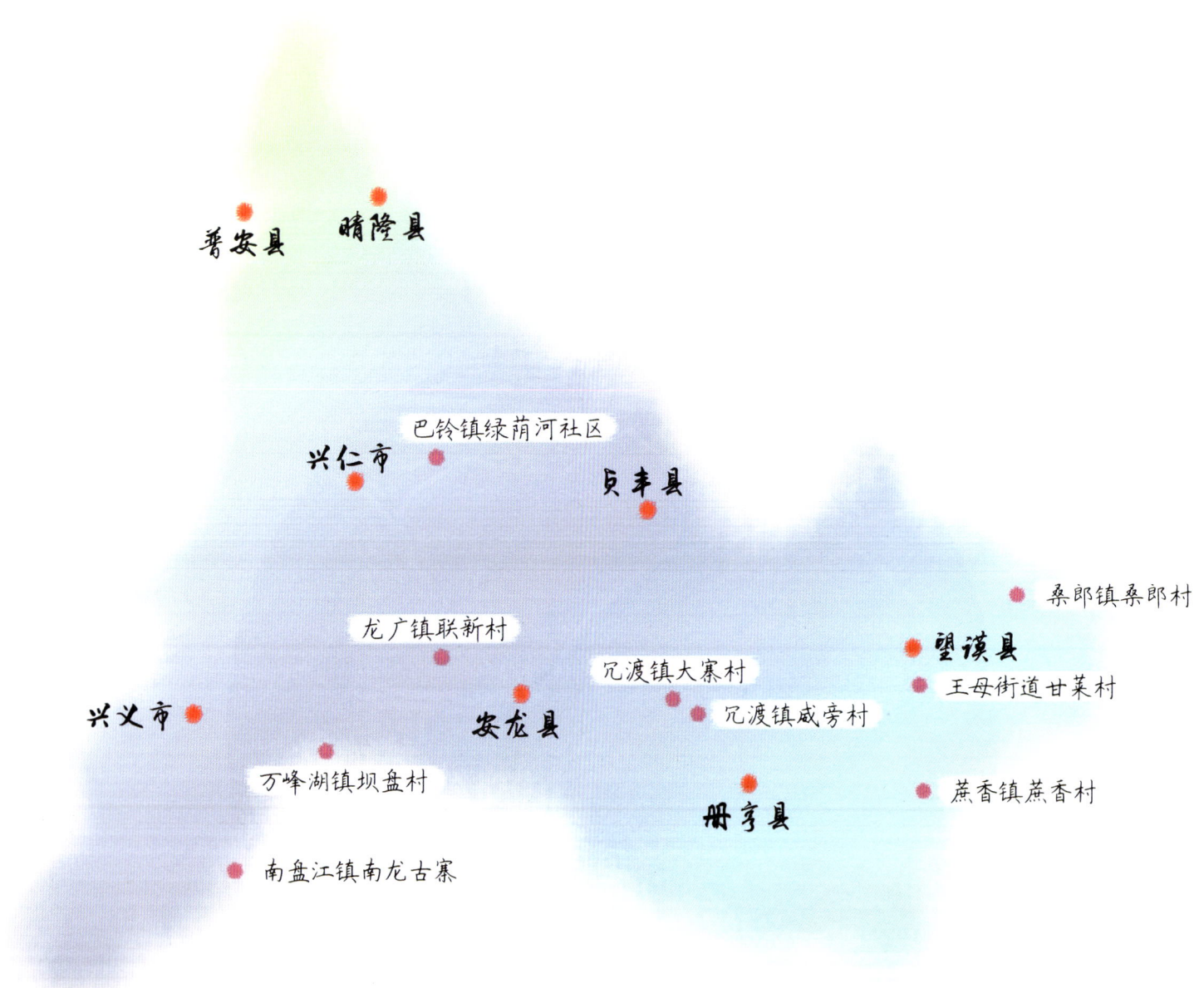

第二批中国少数民族特色村寨黔西南布依族苗族自治州分布示意图

兴义市
南盘江镇南龙古寨

总体简介

　　南龙古寨位于兴义市西部，距兴义市区 48 km，属山区河谷地貌。南龙古寨是迄今为止兴义市境内发现的自然风光优美、民族文化氛围浓郁、保存最为完整的布依族古老村寨之一，始建于清朝中期。全寨共 218 户 813 人，均为布依族，无一杂居民族。1984 年 10 月，南盘江镇被贵州省人民政府命名为"布依八音艺术之乡"。经济以传统产业为主。

建筑风格 Architectural Style

南龙古寨民居为清一色布依族特色吊脚楼式住宅，属于清朝中期建筑，房屋共 147 栋，全部按八卦阵式排列布局。

民族文化 Ethnic Culture

南龙古寨民风淳朴，布依族文化气息极为浓厚。节庆主要有六月六、三月三等。六月六是当地最重要和最具民族特色的传统节日，当地将其视为"过年"，当天会举行"祭田神"等祈求来年风调雨顺、农业丰收。三月三则是布依族传统祭祀节日。

兴仁县
巴铃镇绿荫河社区

　　绿荫河社区位于巴铃镇西北部，是一个民风淳朴、风光秀丽且原始生态保持完好的自然村寨。该社区辖10个村民小组，共806户3500余人，有苗族、布依族、白族等少数民族，其中苗族255人、布依族210人、白族21人。山林中古树参天，藤蔓攀缘，有许多珍稀、名贵的树木，如金丝楠、鸡血楠、硬壳楠等。经济以生态农业和乡村旅游业为主。

建筑风格 Architectural Style

绿荫河社区河道旁是一排排苗家特色的建筑，依水势而建，错落有致，白墙、黑瓦，优雅别致。各式小桥、河道旁的观景台以及不停运转的水车，形成了社区的一道亮丽风景线。

民族文化 Ethnic Culture

绿荫河社区拥有绚丽多彩的民族特色文化，至今保留和传承二月二祭龙、三月三、六月六等传统节日，民族歌舞有布依族的粑棒簸箕舞、布依转场舞等，民族乐器有布依铜鼓。在布依族人的心目中，铜鼓象征着财富、权力和团结，每到大小节庆，铜鼓表演是必不可少的节目。

安龙县
万峰湖镇坝盘村

总体简介

　　坝盘村系万峰湖镇库区下游村寨，全村辖 3 个村民小组，共 145 户 601 人，其中布依族 595 人，占全村人口的 99%。经济以种植业、旅游业和养殖业为主。

建筑风格 Architectural Style

坝盘村民居以吊脚楼为主。吊脚楼一般分三层，底层、一层、二层，每层功能各异。建造风格别具特色，特别是融于整个建筑群的花窗垂瓜，典雅细腻，美观精巧，内涵丰富，具有极高的艺术价值。坝盘村吊脚楼依山而建，随形生变，采取"借天不借地，天平地不平"的建造手法，使建筑空间得到最大化的扩展，是建筑选址"天人合一"理念的真实体现，是人与自然和谐共处、尊重自然的建筑环境观的实物载体，是布依族民居建筑选址的典型代表。

民族文化 Ethnic Culture

坝盘村盛行的"竹纸"手工制作工艺，工艺复杂、技艺传统，从选料到成纸共 15 个环节、72 道工序。当地民风淳朴，保持着较为完整的布依族生产、生活习俗，每年三月三的"蛇"场天和六月六的"虎"场天是整个寨子最热闹的节日；寨老带领全村人在榕树脚用芭蕉树叶包花糯米敬祖先，唱布依歌，跳布依舞。"蛇"场天和"虎"场天的这几日，家家户户吃狗肉、鱼、虾，喝便当酒，菜肴统一用大土碗吃，便当酒统一用大土碗盛，当地称为"八大碗"。

册亨县
冗渡镇大寨村

　　大寨村位于冗渡镇西北面。全村辖 11 个村民小组，共 478 户 2210 人，其中布依族 1685 人，占全村人口的 76%，是一个典型的少数民族特色村寨。大寨村原名秧弄，布依语是美丽幸福的意思，被册亨民间誉为"册亨的万峰林""文化艺术之乡"。经济以种植业和养殖业为主。

建筑风格 Architectural Style

大寨村最具特色的建筑是布依族民居，整个建筑除柱、梁、横檩、楼板用木以外，其余全用石头作为建筑材料，特色民居所占的比例达到 95% 以上，主要分布在大寨村大寨组，古老的干栏式石头结构房屋，不仅坚固耐用，宽敞舒适，冬暖夏凉，隔音性强，同时还可以防虫蛇猛兽之害，有良好的通风和防潮性能。

民族文化 Ethnic Culture

大寨村是一个风光秀美、布依族文化浓郁的村寨。民族节日有元宵节（即转场舞节）、"了年"、三月三、端午节、六月六、七月半、重阳（九月九）等。民间艺术节目有转场舞、高台舞狮、布依棍术、荡秋千、糍粑舞等。村民还创造了特有的石头文化，主要有布依石器、石头建筑、碑刻等。

册亨县
冗渡镇威旁村

总体简介

　　威旁村位于册亨县西北部，地处册亨、安龙两县交界处。此地依山傍水，生态环境优美，人文历史底蕴深厚。全村共 622 户 2610 人，其中布依族 2419 人，占全村人口的 93%。经济以养殖业和旅游业为主。

建筑风格 Architectural Style

从整体布局看，威旁村陂鼐古老布依屯堡村落是一个坚固的军事堡垒，村寨屯堡封闭性很强，外面围有石墙，非常严实，低矮的石门，有一夫当关、万夫莫开的军事功能。另村寨中还配有碉楼、碉堡和火枪眼等设施，村寨内部只有一条主巷道，另有许多支巷道，将各家各户连接起来，各支巷道只有一个通道通往主巷道。

民族文化 Ethnic Culture

威旁村至今仍保留着独特的民族风俗，民族节日主要有三月三祭山、七月半过小年等。逢年过节，威旁村村民都会跳转场舞、玩高台舞狮、推鸡头、唱山歌、打沙包、舂糍粑、吃五色糯米饭、染红鸡蛋、穿新衣服、走婆家等。

望谟县
桑郎镇桑郎村

　　桑郎村地处望谟县东部，是黔西南布依族苗族自治州的东大门，距望谟县城 67 km。全村共 1078 户 4287 人，其中布依族 3858 人，占全村人口的 90%。经济以种植业和养殖业为主。

建筑风格 Architectural Style

桑郎村至今仍保留布依族古老建筑，最具特色的数王家和贾家的老宅，两宅均始建于明末清初，属于干栏式建筑，主要为"上以自住、下居鸡豚"的居住格局。结构上以木石结构为主，用石头砌墙为壁，木料只用作柱子和门窗。

民族文化 Ethnic Culture

桑郎村民族节日主要有布依族三月三、六月六、七月七等，民族特色食品有桑郎豆腐，布依族腌腊制品如腊肉、香肠、血豆腐，以及五色花米饭、布依族米花、糍粑等。传统手工艺主要有干栏式特色的花边和刺绣，这是桑郎村布依族女性服饰的基调，集雅、俗于一体，突出手绣特色。

望谟县
王母街道甘莱村

　　甘莱村位于望谟县南面，距县城约 4 km。全村辖高车、平坝、甘莱 3 个村民小组，共 337 户 1308 人，均为布依族。经济以种植业为主。

建筑风格 Architectural Style

　　甘莱村民居以布依族文化为灵魂，历史特色为底蕴，融入布依族喜歌善舞的特色文化，以木石结构为主，提取当地建筑青瓦、石墙等元素设计而成，整体上突出了布依族的乡土文化和地方人文风情。

民族文化 Ethnic Culture

　　甘莱村民族节日主要有三月三、六月六等，民族特色食品有布依族豆腐，布依族腌腊制品如腊肉、香肠、血豆腐，以及五色花米饭、豌豆糊、布依族米花、布依族甜酒、灵芝酒等。传统手工艺主要有独具特色的花边和刺绣，是甘莱村布依族女性服饰的基调，集雅、俗于一体，突出手绣特色。

望谟县
蔗香镇蔗香村

蔗香村属典型的布依族村寨，辖 3 个自然寨，5 个村民小组，共 414 户 1886 人，其中布依族 1848 人，占全村人口的 98%。森林覆盖率达 58.05%。经济以种植业、养殖业和旅游业为主。

建筑风格 Architectural Style

蔗香村布依族民居依山而建,有干栏式的吊脚楼,有云朵般的布依圆堡粮仓。村寨里的房屋建造采取就地取材的方式,用山上的黄泥垒壁筑墙,木头搭顶,再铺上青瓦,隐约间投射着南方布依村落依山傍水的婉约秀气。

民族文化 Ethnic Culture

蔗香村民族节日有三月三布依风情节、春节、端午节、八月十五等,特色体育项目有竹竿舞、陀螺、高跷、沙包等,特色美食有五色米花、五色糯米饭、板陈糕、糕粑等。蔗香村是布依土布"格子花"和布依族素绣的故乡,纺纱织布是布依族的家庭手工业,布依族服饰古朴、典雅、简洁、端庄。

义龙试验区
龙广镇联新村

总体简介

　　联新村位于龙广镇东部，距义龙试验区行政中心 17 km。全村辖 12 个村民小组，共 1164 户 5347 人，其中布依族 1112 人。产业以布依族服饰业和农家乐为主。

建筑风格 Architectural Style

联新村民居以传统的布依民居为主，采用木石结构，一般分为三开间或五开间，正中的一间为堂屋，两侧为左右正房，互相对称。两侧正房后面隔出的空间则为灶房和火塘，一般右边为灶房，左边为火塘。

民族文化 Ethnic Culture

联新村民风淳朴，村民热情好客。村寨传统习俗保存完好，有三月三、六月六、祭山、祭水等民族节日。六月六是最隆重的节日，各方游客慕名而来，村民穿民族土布衣服，打糍粑，品尝花糯米饭，唱山歌，举行"八音坐唱"等活动。

贵阳市

息烽县

开阳县

禾丰乡穿洞村穿洞街上组

小箐乡岩鹰山村

南江乡苗寨村

修文县

羊昌镇黄连村

新堡布依族乡马头村

新堡布依族乡陇上村

白云区

乌当区

观山湖区

云岩区

南明区

清镇市

石板镇镇山村

董家堰村麦翁寨

花溪区

第二批中国少数民族特色村寨贵阳市分布示意图

花溪区
石板镇镇山村

总体简介

镇山村位于石板镇东南面，距石板镇 2 km。全村辖 2 个自然村寨，5 个村民小组，共 141 户 642 人，其中布依族 104 户 470 人，占全村人口的 73%。镇山村是"十二五"期间全省 500 个少数民族特色村寨之一。1993 年镇山村被贵州省人民政府批准为省级民族文化保护村，1995 年被批准为省级文物保护单位，1998 年 10 月被确定为中国和挪威文化合作的国际性项目"贵州生态博物馆群"之一，1999 年被列为全省重点建设的民族村寨。经济以种植业、养殖业和旅游业为主，村民年人均纯收入 1 万余元。

建筑风格 Architectural Style

镇山村三面环水，一面靠山。建筑特色为石板建筑，居民就地取材，用石板建房、筑墙、铺路，围墙、堡坎等也皆用石板。村内有数百间依山而建的青石板房，层层叠叠，错落有致。

民族文化 Ethnic Culture

镇山村历史文化积淀较深，民族文化浓郁。主要节日有每年农历正月初十的"跳场"，期间村民会吹芦笙、跳舞、斗雀等。布依族的传统节日有六月六等，每逢节日村民会在寨内搭台举行对歌。镇山村具有深厚的布依族文化底蕴，如布依族石雕、布依族习俗、布依族饮食、布依族刺绣等。

花溪区
董家堰村麦翁寨

总体简介

　　麦翁寨位于花溪河中游。麦翁,布依语叫"曼炡",也叫"曼王"。全寨130户460人,其中布依族365人,占全寨人口的79%。麦翁寨生态植被完好,古树参天,上千年的榉树立于寨中。村寨环境优美,保持着布依族古寨的建筑风格,民族文化浓厚,2011年被贵州省布依学会批准为"贵州省布依族六月六活动基地"。经济以开设农家乐、土地流转为主,村民年人均纯收入1万余元。

建筑风格 Architectural Style

麦翁寨山清水秀，依山傍水，布依族文化元素突出，建筑主要由木料、泥土和青砖、青瓦构成。

民族文化 Ethnic Culture

麦翁寨历史悠久，布依族文化底蕴深厚。每逢重大节日村民都会走亲串友，以酒会友、以歌传情。布依族欢庆六月六时，每户人家都会包粽粑、打糍粑，并将做好的粽粑、糍粑用来款待亲朋好友。年过半百的妇女则以刺绣鞋垫、制作布依族服饰为主，以此继承老一辈的传统。

乌当区
羊昌镇黄连村

总体简介

　　黄连村俗称白石岩，位于乌当区羊昌镇西北面，距贵阳市区 45 km，距羊昌镇人民政府驻地 7 km。全村辖 13 个村民小组，共 651 户 2181 人，其中布依族 1856 人，占全村人口的 85%。黄连村为贵阳市目前保存较为完好的古寨之一，也是黔中地区具有悠久历史和突出传统文化的布依族村寨。森林覆盖率达 80%，有野生银杏、红豆杉、榉树、香果树等国家级珍稀树种。经济以旅游业、养殖业和种植业为主。

建筑风格 Architectural Style

村中民居独特，坐南向北，依山而建。青瓦木楼、农家小院，处处凸显布依族民居风格。

民族文化 Ethnic Culture

黄连村有着独特的红色文化，红军长征经过黄连村所遗留下的红军桥在当地广为人知，具有浓烈的红色文化底蕴。该村有布依语歌、三月三、六月六、布依元宵会、夜宴歌等民族文化活动。音乐方面出名的有布依族山歌《好花红》，手工艺类有酿米酒等。婚俗中的"坐夜宴"、丧葬中的"砍牛祭天"、建房时的"立柱上梁仪式"等都保留着浓郁的少数民族风情。

乌当区
新堡布依族乡陇上村

总体简介

　　陇上村位于乌当区人民政府驻地北偏东约 25 km 处。全村辖 5 个村民小组，共 412 户 1022 人，其中布依族 593 人，占全村人口的 58%。陇上村既是新堡乡政治、经济、文化、教育的中心，又是全乡人流、物流、信息流和农副产品的主要集中地，还是一个典型的现代化布依族村寨。经济以旅游业、种植业和养殖业为主，村民年人均纯收入 1 万余元。

建筑风格 Architectural Style

布依族居住的显著特点是依山傍水，聚族而居。民居多为干栏式楼房或半边楼（前半部正面看是楼，后半部背面看是平房）式的石板房；主要是青瓦、粉墙、火盆腔式干栏式建筑，全村特色民居约占 51%。现已修建有农家博物馆、渡寨停车场、阿渡河观景台，以及标志性的巨型簸箕画等。渡寨组有"诗画渡寨"之美誉。

民族文化 Ethnic Culture

布依族三月三是布依族在农历三月初三举办的传统节日。节日当天，本地的布依族乡民盛装举行活动，活动内容有刺梨花歌唱大赛、铜鼓舞表演、猜字谜、推鸡公车比赛等。布依族的美食有腊肉等，手工艺类有簸箕画。

乌当区
新堡布依族乡马头村

总体简介

马头村位于新堡乡中心，距乡人民政府驻地 1.5 km，东连王岗村，南接水田镇罗庄村，西邻陇上村，北与新堡村接壤。以马头寨自然村得名，是一个典型的现代化布依族村寨。全村辖 6 个自然寨，共 343 户 931 人，其中布依族 831 人，占全村人口的 89%。经济以种植业、乡村旅游业为主，村民年人均纯收入 1 万余元。

建筑风格 Architectural Style

布依族居住的显著特点是依山傍水，聚族而居。民居多为干栏式楼房或半边楼式的石板房。主要是青瓦、粉墙、火盆腔式干栏式建筑，全村特色民居约占 53%。

民族文化 Ethnic Culture

布依族三月三是布依族在农历三月初三举办的传统节日，以祭祀社神和给先祖扫墓为主要形式，具有感恩文化、枫香文化的内容，每家都做五彩的花米饭来祭祀社神和先祖，通过"扫墓挂青"来感恩自然、祖先和社会。

修文县
小箐乡岩鹰山村

  岩鹰山村位于小箐镇东面，距小箐镇人民政府驻地 9 km，地势东高西低，呈梯形状。岩鹰山村辖 19 个村民小组，共 860 户 3460 人，其中苗族、彝族共 213 户 968 人，占全村人口的 28%。2016 年岩鹰山村成功打造了省级景区——"岩鹰花海乡村旅游景区"；2017 年，岩鹰山村获"中国少数民族特色村寨"荣誉称号。经济以农业为主，主产脆红李、猕猴桃。

建筑风格 Architectural Style

岩鹰山村依山傍水，民风淳朴，至今依然完整保存着苗族的建筑风格，以木质结构吊脚楼为主，与自然环境极其融洽。

民族文化 Ethnic Culture

岩鹰山村保留了苗族与彝族的部分生活习俗。节庆习俗有苗族的牯藏节、苗年节等；有彝族的十月彝族节、火把节等。歌舞有苗族的锦鸡舞、反排木鼓舞等；有彝族的"踏歌""撮泰吉"等。饮食有苗族的酸汤、糍粑等；彝族的骟鸡点豆腐、八卦鸡等。

开阳县
禾丰乡穿洞村穿洞街上组

总体简介

　　穿洞村是开阳县禾丰布依族苗族乡北部的一个行政村，距乡人民政府驻地 23 km，距开阳县城 6 km。穿洞村穿洞街上组位于村委会所在地，是一个布依族与汉族杂居的自然村寨，共 53 户 217 人，其中布依族 153 人，占该组总人口的 70.5%。村寨具有浓郁的民族特色和较高的文化保护价值，经济以农业为主，主产蔬菜、鲜果，是贵阳市农村社会治理示范点。

建筑风格 Architectural Style

民居建筑以仿木质结构为主，特色民居比例占全村的 60%，村寨民居充分体现了布依族文化元素。

民族文化 Ethnic Culture

穿洞村穿洞街上组历史沿革可追溯至明朝年间，有 700 多年历史。以布依族的山歌、舞蹈最为有名。民族节庆有三月三、六月六等活动，民族文化广场充分体现了民族特色，是地方特色的标志性建筑。

开阳县
南江乡苗寨村

　　苗寨村位于开阳县南江布依族苗族乡西北部，由原来两个大队合并而成，距县城 18 km，距省会贵阳 48 km。全村辖 19 个村民小组，789 户 3122 人，其中布依族 1217 人，占全村人口的 39%。苗寨村属于典型的山区盆地结构，有着优美的山区田园风光和高原峡谷风光。经济以农业和乡村旅游业为主，南江大峡谷和清龙河十里画廊位于村境内。苗寨村 2015 年获贵州省"省级民族团结创建示范村"。

建筑风格 Architectural Style

苗寨村民居的建筑形式以布依族传统干栏式建筑为主，由大房、厢楼、朝门组成封闭的四合院。民居建筑以仿木质结构为主，特色民居占比约 55%。

民族文化 Ethnic Culture

苗寨村人民勤劳，民风淳朴，有群山拥抱的洗泥坝盆地，有古老的盐井，有着"一里三盐井""一里三座庙""一里三座桥"的美誉。村内资源丰富，本地特产有富硒枇杷、富硒红米、小花生、大米、辣椒、油菜等。民族节庆有春节文化活动、六月六布依风情节等。

遵义市

洛龙镇大塘村

道真仡佬族苗族自治县

镇南镇桃符村

赤水市

正安县

务川仡佬族苗族自治县

习水县

马臻乡龙台村

丰乐镇庙坝村

桐梓县

绥阳县

凤冈县

仁怀市

汇川区

湄潭县

红花岗区

新蒲新区

茅坪镇地关村平顺坝寨

播州区

花山苗族乡花山村飞龙寨

余庆县

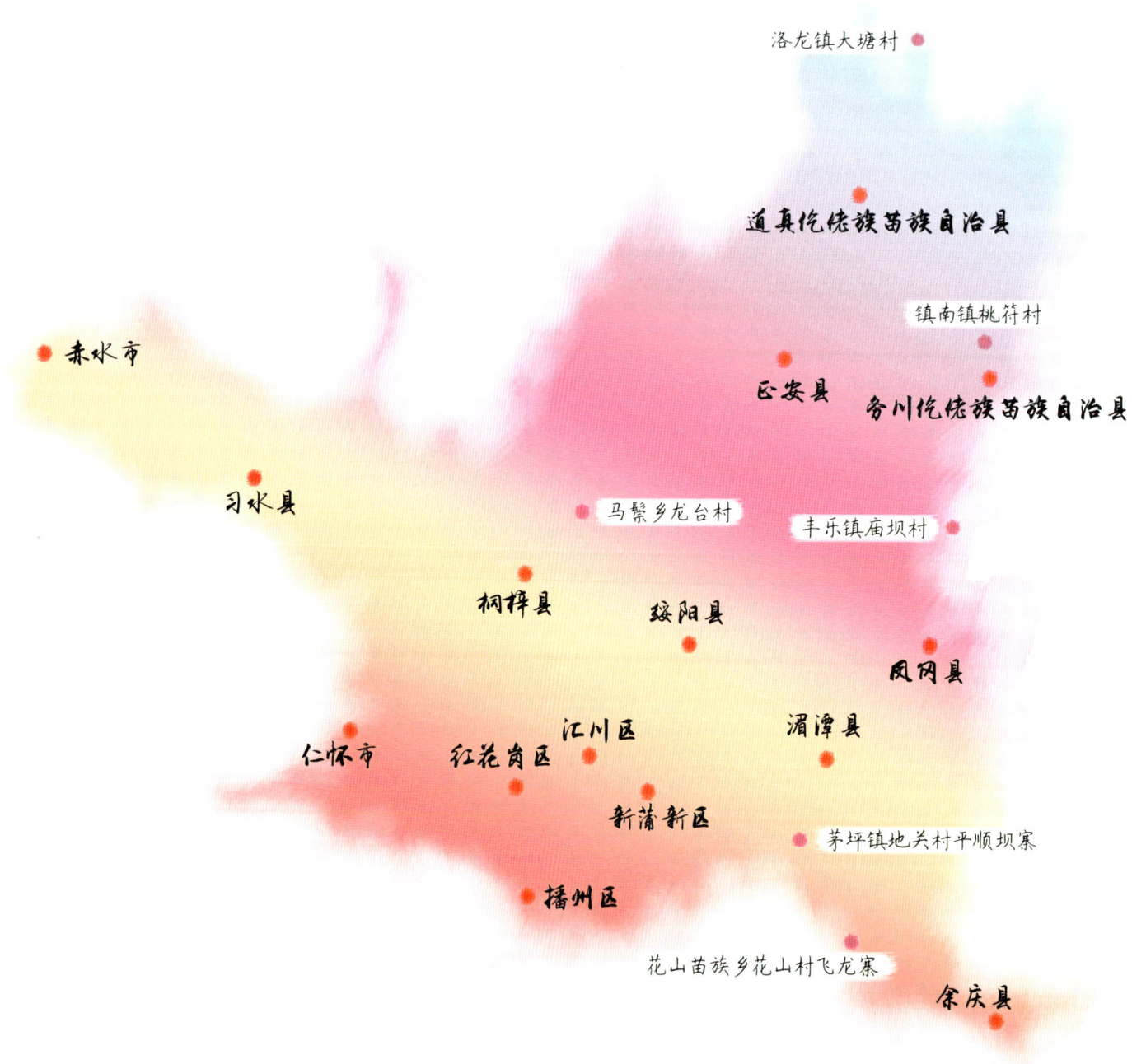

第二批中国少数民族特色村寨遵义市分布示意图

务川仡佬族苗族自治县
镇南镇桃符村

总体简介

　　桃符村（现为丹砂街道桃符社区）位于务川县城北面，离县城约 10 km，是务川北部的重要交通枢纽、经贸喉舌。全村辖 17 个村民小组，共 1286 户 4556 人，其中仡佬族 3417 人，占全村人口的 75%。经济以传统产业为主，盛产烤烟、油菜、花生、玉米、水稻。

建筑风格 Architectural Style

桃符村民居主要有两种类型：一类为平面呈曲尺形的民居，另一类为凹字形修建的民居，一般向阳而建，由正房和厢房构成。两种类型的出檐都很深远，檐下空间为开放式仓库。材料多以石建房，用石头奠基，用石块砌墙，用石板盖顶，内部为木结构吊脚楼。也有土木房屋、茅草房等。

民族文化 Ethnic Culture

桃符村自古就有在春节等节日加工酥食、麻饼等农特食品的习惯，以及唱花灯、跳民族舞、吹唢呐等习俗。逢过年、过节或办事，都要纳符（纳福），传承"挂桃符""贴对联""开财门""接天香"的习俗，每年都要举行舞龙、唱灯、听戏、吃新、说春等活动。

务川仡佬族苗族自治县
丰乐镇庙坝村

总体简介

　　庙坝村位于务川仡佬族苗族自治县南面，全村辖庙坝等27个村民小组，共1045户5415人，有土家族、仡佬族等11个少数民族，少数民族占全村人口的92%，其中土家族2216人，占全村人口的41%。经济以传统产业为主，盛产烤烟、茶叶、金银花、辣椒、桃子、魔芋等。

建筑风格 Architectural Style

庙坝村民居大多为依山就势而建的吊脚楼，分为正房和厢房。也有建成四合院的，由正房、左右厢房和门楼组成。庙坝村的房屋高低错落，组成了一个梯级展开、形态多样的吊脚楼群。建筑一般采用穿斗式结构，材料一般根据当地情况，就地取材，用木材、石材或砖木混合来建造。

民族文化 Ethnic Culture

庙坝村历史悠久，旅游资源丰富，文化底蕴丰厚，有著名的傩戏、民间根雕、家喻户晓的"庙坝战斗遗址"、远近闻名的楠木吊桥等。

余庆县
花山苗族乡花山村飞龙寨

　　飞龙寨地处余庆县花山苗族乡花山村以西的飞龙湖畔，是连接整个飞龙湖水上旅游线路的枢纽，属于典型的旅游型村寨，于 2013 年 6 月被评定为国家 AAAA 级旅游景区。寨内现有住户 78 户 318 人，其中苗族 158 人，占全寨人口的 50%。景区苗族村寨古朴悠远，地方民族文化特色独具魅力；景区的苗族村寨内建有"天下第一飞龙"，长 999 米，依山环湖，气势宏伟。经济以农业、旅游业为主。

建筑风格 Architectural Style

飞龙寨民居由小青瓦、坡面屋、雕花窗、白粉墙构筑而成。这种"外表传统、功能现代"的美观舒适民宅，采用砖混结构，不热不漏不怕火，修成小楼房又不占地，还气派大方漂亮。不仅充分尊重了村民生活、劳作习惯，而且非常符合村民的住房审美取向，具有现代美感和很强的农村实用功能。这种房屋在注重居住舒适性的同时，兼顾了艺术性、观赏性。

民族文化 Ethnic Culture

飞龙寨景区是以龙文化和少数民族风情体验为核心，以休闲度假、水上运动、生态观光、文化体验为主要产品内容，以地方民俗篝火晚会、飞龙鱼特色火锅、水上快艇、十二生肖别墅度假酒店、荷花苑和飞龙湖山水景观为特色的旅游综合服务区。

桐梓县
马鬃乡龙台村

　　龙台村是马鬃乡 3 个少数民族聚居村之一，该村位于乡人民政府西北面，村委会办公室距乡人民政府驻地 4 km。全村辖 4 个村民小组，共 181 户 639 人，其中少数民族 557 人，占全村人口的 87%。经济以种植、养殖业和劳务输出为主。粮食作物主要有玉米、马铃薯、红薯；经济作物有烤烟、方竹；养殖业以猪、牛、羊、家禽为主。

建筑风格 Architectural Style

龙台村是一个人文、自然景观十分丰富的特色少数民族村寨，其红苗文化历史悠久，建筑古朴而格局富有民族特色。红木板外墙象征着苗族同胞对历史文化的延续，对古老木架房屋的追从。芦笙搭建的村寨大门是龙台红苗同胞独有的象征和标志。

民族文化 Ethnic Culture

龙台村的龙台红苗文化历史悠久、内涵丰富。歌舞是龙台红苗同胞对美好生活向往的展现形式。每逢佳节，龙台红苗阿哥阿妹们载歌载舞携手相迎远方客人的到来，共同体验红苗篝火盛宴。踩山节是龙台红苗重要的祭祀活动，祈求来年五谷丰登、风调雨顺、族人安康。"砍火星"是龙台红苗各家族对历史文化传播、记载的必要途径。

道真仡佬族苗族自治县
洛龙镇大塘村

总体简介

　　大塘村是"休闲避暑养生"乡村旅游地，距道真县城 64 km，与重庆市武隆区仙女山旅游胜地咫尺相望。全村辖 3 个片区，19 个村民小组，521 户 1879 人，其中仡佬族 1274 人，占全村人口的 68%。大塘村 2013 年 9 月获得贵州"最具魅力民族村寨"称号；2014 年 6 月获"全市民族团结进步创建示范村"称号。大塘村特色产业是美食大塘土鸡和中药材玄参，经济以农业为主。

建筑风格 Architectural Style

村内标志性建筑以仡佬族特色民居为主，以竹王为图腾，青砖、青瓦、白墙、石墩柱、瓦屋脊是必要元素。四合院、长三间、长五间古建筑仍存在。

民族文化 Ethnic Culture

大塘村有被列入第一批国家级非物质文化遗产扩展项目名录的傩戏和傩戏面具、服饰；被列入省级非物质文化遗产名录的山歌、"打闹歌""哭嫁歌"和"打篾鸡蛋""偷瓜送子""高台舞狮"等民族文化活动；有独具特色的产业"洛龙大蒜""洛龙党参"等。

湄潭县
茅坪镇地关村平顺坝寨

总体简介

　　平顺坝寨地处茅坪镇东北部。全寨辖 8 个村民小组，共 1097 户 4032 人。寨里多以自然形成的村寨为主，少数民族占全寨人口的 33% 以上，其中主要少数民族为苗族，属茅坪花苗。茅坪花苗婚俗被列入首批省级非物质文化遗产名录，平顺坝寨被列入第二批中国传统村落名录、"中国少数民族特色村寨"、湄潭县县级文物保护单位。经济以烤烟、茶叶、辣椒等农业产业为主。

建筑风格 Architectural Style

平顺坝寨房屋全部为少数民族特色建筑，主要建筑有苗族特色民居、民俗博物馆、民俗文化广场、风雨桥等。最早的房屋建于明、清时代，有几百年的历史，建筑形式为"五柱四瓜"结构。特色民居占村寨民居比例达95%以上。

民族文化 Ethnic Culture

茅坪苗族不是世居苗族，是经过迁徙而来。俗称鸦鹊苗或红头苗，是根据语言和服饰而得名。原本有本族简单的文字，因苗族先民们长期频繁迁徙，乃至失传。按语言分是西部语言（也叫川黔滇方言），由于没有文字记载，语言文化基本上都是面传口授，一代传一代，并且都是单传。在长期的生产生活中，他们创造了独特的风情文化，主要体现在礼俗、婚俗、节俗、丧俗等方面。

六盘水市

月照社区大坝村

钟山区

水城区

玉舍镇新发村

梭戛乡高兴村

玉舍镇海坪村

猴场乡补那村

六枝特区

落别乡牛角村

羊场乡纳木村关庄新村

盘州市

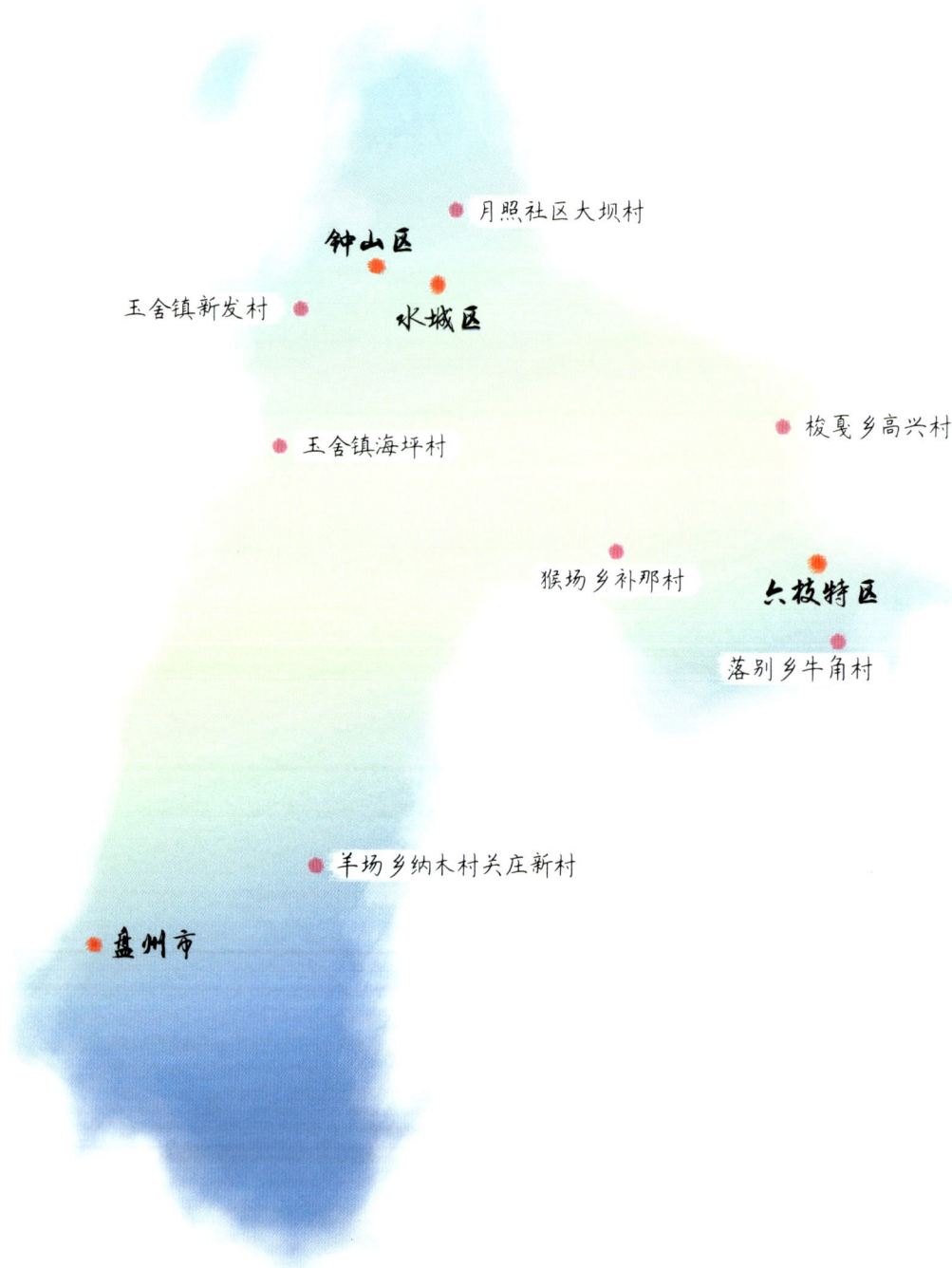

第二批中国少数民族特色村寨六盘水市分布示意图

六枝特区
落别乡牛角村

　　牛角村位于六枝特区东大门，2004 年由平寨村、牛角村、水塘村合并而来，是六枝特区落别布依族彝族乡的一个布依族村寨，距六枝城区 13 km。下辖 10 个自然村寨，846 户 3014 人，其中布依族 1200 人，占全村人口的 40%。牛角村是一个典型的散居少数民族边远山区村。经济以农业为主。

建筑风格 Architectural Style

牛角村布依族民居大体类型除了布依族先民从巢居延续来的上层住人下层养猪牛的干栏式以外，还有与其他民族文化交融的平地楼形式。就房屋的单体结构来看，其房屋类型是古建筑中的穿斗式结构的继承发展，其内部全部采用的是传统的榫卯（凸出部分叫榫或榫头；凹进部分叫卯或榫眼、榫槽）穿合，不用一钉一铆，就地使用的建筑材料主要有石板和木头两种。

民族文化 Ethnic Culture

牛角村历史悠久，民族文化以布依族文化为主，布依族重礼节、好客，贵宾到来，必有"进门酒""拦路酒""千杯酒"和"送客酒"等酒礼。牛角村布依族服饰多姿多彩，一件衣服里有织布、织锦、刺绣、挑花、蜡染等制作工艺，刺绣是布依族最普遍的传统手工艺，常称之为针线活。

六枝特区
梭戛乡高兴村

总体简介

　　高兴村位于贵州中部，六枝特区北部与织金县交界处，距六枝城区 42 km。高兴村共 506 户 2192 人，其中陇戛寨 144 户 603 人，占全村人口的 28%，全部是以长角头饰为主的苗族。经济以传统产业为主。

建筑风格 Architectural Style

高兴村寨聚族而居，民居建在山腰，依山就势，错落有致，有石阶步道沿山而上通至各户，周围分布茂林修竹，风光绮丽，形成丰富的建筑轮廓线。民居是木结构草房、土墙草房、石墙草房；戛房，即灵房，是"打戛"期间停放灵柩的临时建筑；妹妹棚，为三柱插地式简易构筑物；屯堡，全部由当地开采的石头围成屯墙，内有石头建成的房屋，在屯堡的北侧开有城门洞，有青石步道盘山而下，与陇戛寨相连接。

民族文化 Ethnic Culture

高兴村苗族历史悠久，非物质文化遗产有芦笙舞、苗族古歌、刺绣、蜡染、服饰、三眼箫等。衣饰为蜡染、刺绣，刺绣上镶嵌白色纽扣，前配青色羊毛兜，小腿缠裹羊毛护腿，鞋为挑花鞋和绣花布凉鞋。

盘县
羊场乡纳木村关庄新村

　　关庄新村位于羊场布依族白族苗族乡西部，距乡人民政府驻地 3 km。全村共 74 户 259 人，均为布依族。境内地势由西北向东南倾斜，气候温和，雨量充沛。该村民族文化底蕴深厚、民风淳朴、富有特色，是盘州市最具魅力的民族村寨之一。经济以传统产业为主。

建筑风格 Architectural Style

关庄新村的布依族民居内部使用现代的钢筋混凝土建筑方式修建，但外部保留了布依族民居吊脚楼的基本特点，即吊脚楼柱、梁及瓦屋面的特点，简单、粗放、古老、实用结构等，材料多以枫香木、杉木为主。按传统的标准，有三柱落地一担瓜、二柱落地两担瓜、七柱落地两担瓜（即 11 个头），房高 5.68 m 或 5.88 m，即"要得发不离八"的寓意。

民族文化 Ethnic Culture

关庄新村民族文化底蕴浓厚，布依族风俗传承较好，布依族歌舞等独具特色，布依族民歌（布依盘歌）已被列入国家级非物质文化遗产名录。

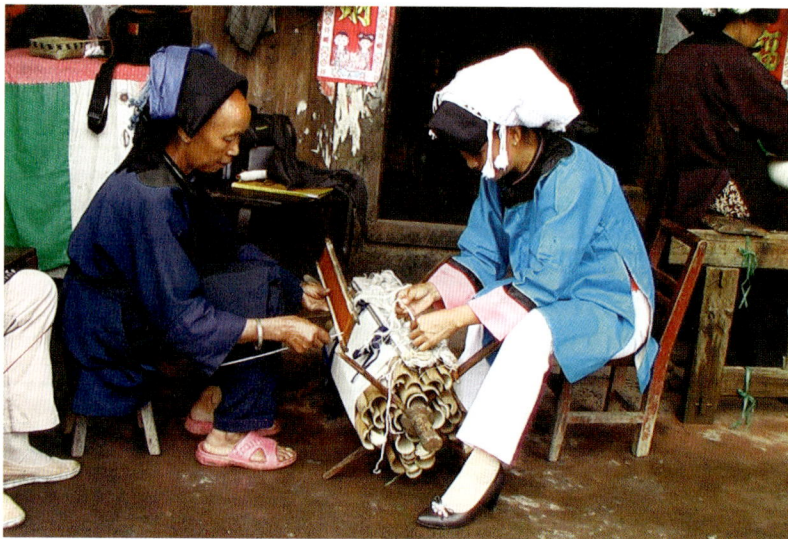

水城县
猴场乡补那村

总体简介

　　补那村位于水城区猴场苗族布衣族乡东南部，距区人民政府驻地约 50 km，由原补那和红星两村合并而成。全村辖 19 个村民小组，共 1419 户 5201 人，是一个布依族、苗族、仡佬族、汉族杂居的自然村寨，全村少数民族人口占比超过 85%，其中布依族 2684 人，占全村人口的 51.6%。经济以传统产业为主。

建筑风格 Architectural Style

补那村现代特色建筑有吊脚楼、石桥、铁索桥、竹楼等。该村建筑格局为典型的乡土风水格局，村寨依山傍水，住房多为木结构干栏式，屋顶盖瓦或盖草。一般为三层，屋顶有悬山式和硬山式两种，上层堆放粮食、杂物之类，中层住人，底层关牲畜。其代表性建筑"王氏故居"被列为县级非物质文化遗产。

民族文化 Ethnic Culture

补那村布依族最具代表性的"五等装"被列入国家级非物质文化遗产名录。补那村布依族妇女喜穿黑套白衣，下穿百褶黑长裙，鬓髻上顶黑帕，远看像喜鹊一样，因此得名"喜鹊布依"。补那村的布依族美食主要有：鸡粥、鸡八块、饭肠、狗（牛）汤锅、糍粑、腊肉、女儿菜、染花饭等；布依族节日主要有：春节、元宵节、三月三、寅申节（小年）、七月半、中秋节、重阳节、十月初一收获节等。

水城县
玉舍镇新发村

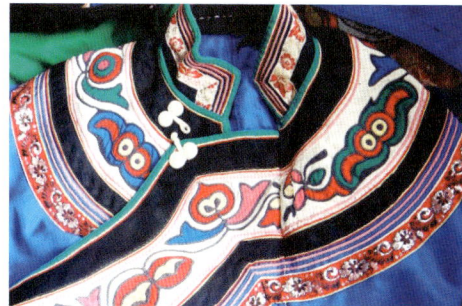

新发村位于水城区西南部，距区中心 9.5 km。全村共 1425 户 5897 人，其中彝族 4127 人，占全村人口的 70%。该村资源丰富，森林覆盖率达 75%，有华山松、天然杜鹃林、种类繁多的灌丛等，村内生态植被保护完好。新发村保持着"质朴、自然、宁静、生态"的乡村风貌，其景观以农田、溪流、山体为主，强调"自然、生态和乡村"的景观特征。经济以种植业为主。

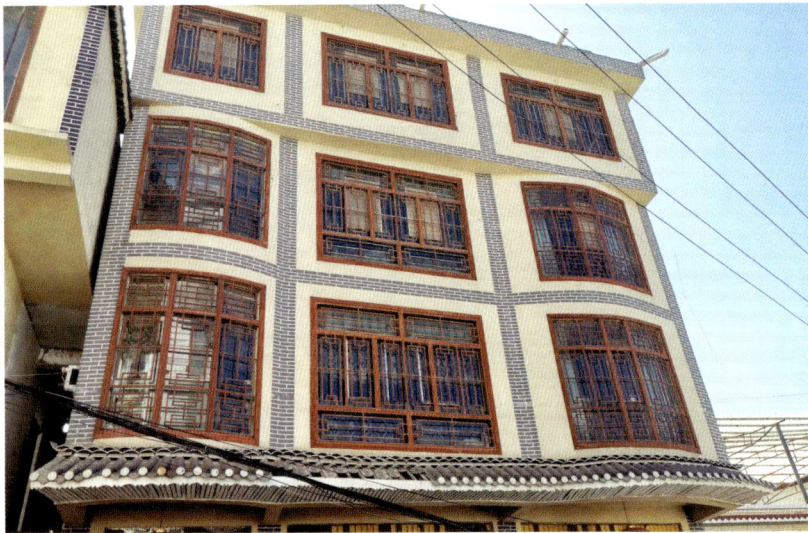

建筑风格 Architectural Style

新发村民居的空间布局主要分为单一空间、一列三间或四合院。建筑结构形式主要有：抬梁式、穿斗式、木罗罗及拱架式四种。民居大门入口和屋檐是装饰的重点，利用髹漆工艺，用彝族最崇尚的黑色、红色、黄色3种颜色的漆在大门上涂画各种拱形图案。

民族文化 Ethnic Culture

新发村彝语传承完整。彝族传统节日有农历二月初九至三月十八日的索玛花节、农历三月的第一个"龙"场天祭山节、农历六月二十四的火把节、农历九月初九的长寿节、农历十月初一的十月年节等，传统舞蹈有撒麻舞、披毡舞、板凳舞、铃铛舞、喜鹊舞、量布舞、簸箕舞等，特色饮食有彝族坨坨肉、彝族八卦鸡、彝族咂酒、彝族水花酒等。

水城县
玉舍镇海坪村

总体简介

　　海坪村位于水城区玉舍镇东南部，距区中心 23.6 km，毗邻玉舍国家森林公园。全村共 715 户 3045 人，其中彝族 2369 人，占全村人口的 77.8%，是一个彝族聚居村。村内平均海拔 1920 m，气候温和，森林覆盖率为 68.8%。经济以服务业、加工业为主。

建筑风格 Architectural Style

海坪村的彝族民居别具特色，特别是木瓦结构住房的装饰有一定的考究，如大门、窗户、神龛都是以实木雕刻为主。

民族文化 Ethnic Culture

海坪村形成于唐朝中期，民族文化底蕴厚重。彝族从云南楚雄迁移到玉舍海坪，在迁移过程中带来了丰富的彝族文化，其中以服饰文化、饮食文化最为突出。村内建有水城海坪彝族文化园，每年农历六月二十四均要在文化园举行盛大的彝族火把节。

钟山区
月照社区大坝村

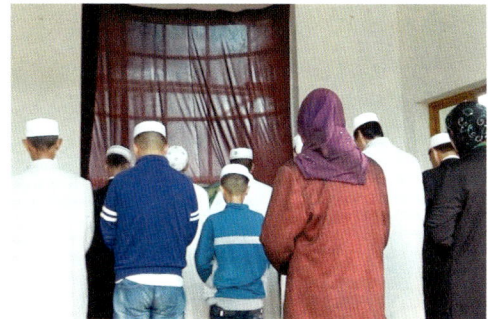

大坝村位于钟山区月照社区东部，距区中心 20 km，是钟山区唯一的回族聚居村。全村共 226 户 782 人，其中回族 748 人，占总人口的 96%。经济以农业为主。

建筑风格 Architectural Style

　　大坝村通过"1+N"房屋改造，民居建筑均以白色、绿色为主，门窗多为拱形，屋顶为人字形砖瓦结构，整体以一定的中轴线排列，具有完整的空间，布局合理。建筑错落有致，从整体到细节都突出表现了中国传统文化与民族文化相融合的特点，回族元素建筑明显。

民族文化 Ethnic Culture

　　大坝村是回族聚居村，汉语为其通用语言。民族信仰为伊斯兰教，村落中建有清真寺，由阿訇主持宗教活动，民族节日为开斋节，以伊斯兰教历计算。崇尚白色，白色为最洁净、最喜悦的颜色，在头饰、衣服上最为常见。回族的服饰大体上与汉族相近，在头饰上仍旧保留着古老的传统，回族男子一般戴白色无檐小帽，表示清洁不染；妇女头戴圆撮口帽，戴盖头，盖头有少女、妇女和老年妇人之分，风格明显。生活固守回族传统，民族文化氛围浓厚，民风民俗淳朴。

安顺市

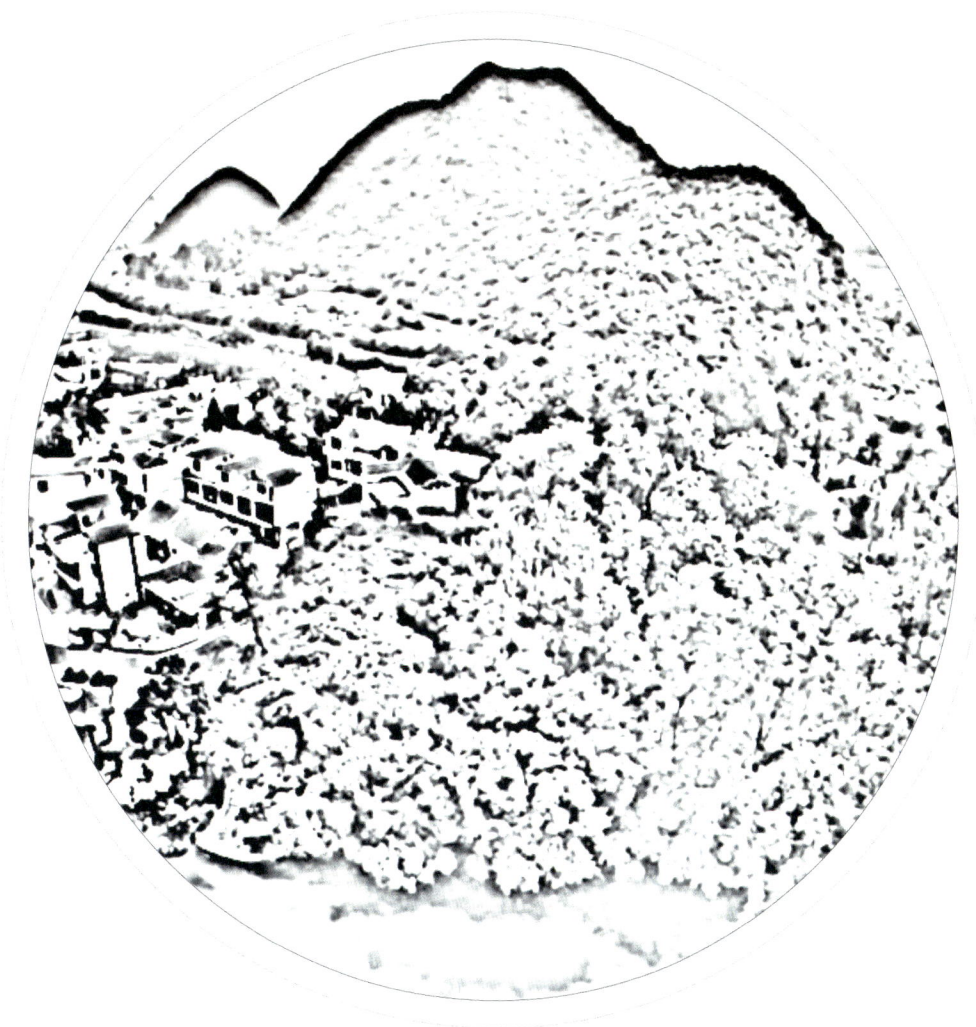

夏云镇·小河湾村

平坝区

城关镇陇财村

大西桥镇河桥村

白云镇邢江村

普定县

黄腊乡龙青村

西秀区

宋旗镇平寨村三合苗寨

安顺经济技术开发区

双龙山办事处大寨村

龙宫镇龙潭村

镇宁布依族苗族自治县

关索街道办事处月亮湾村

杨武乡平田村

关岭布依族苗族自治县

紫云苗族布依族自治县

格凸河镇坝寨村

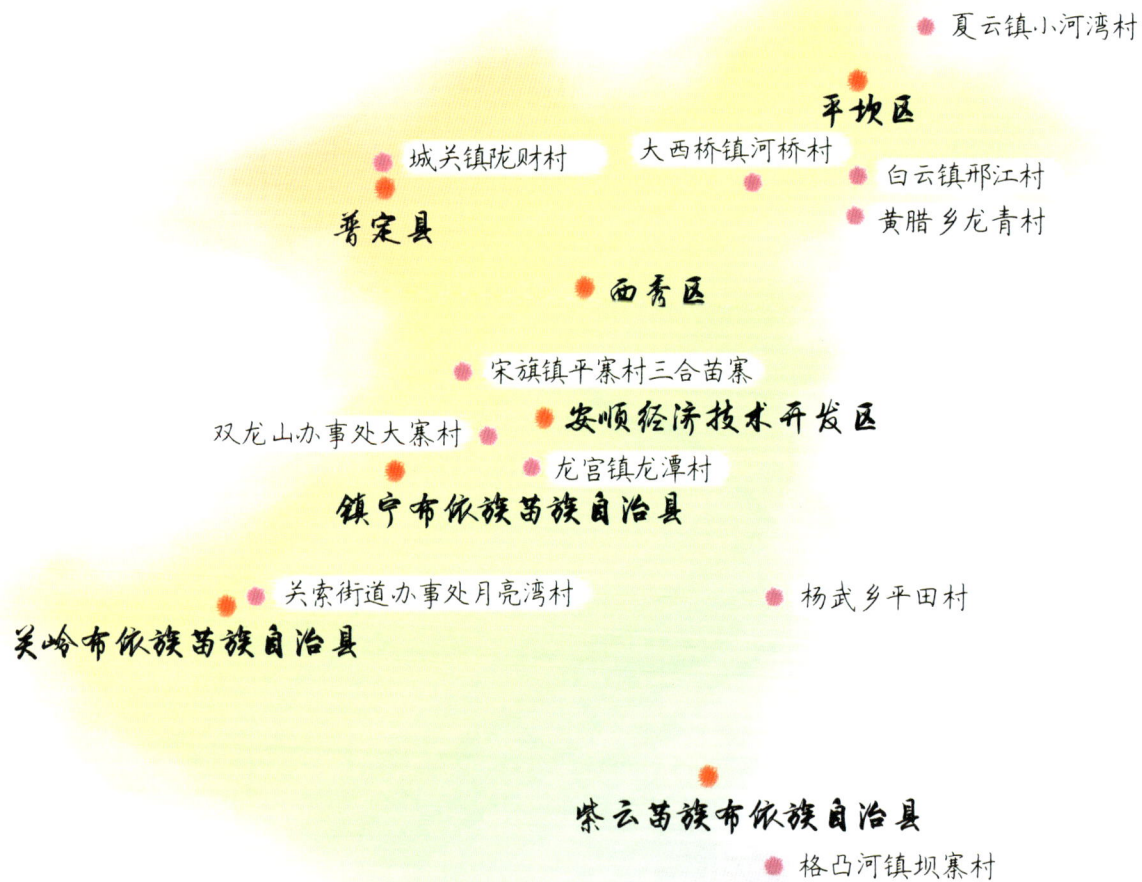

第二批中国少数民族特色村寨安顺市分布示意图

西秀区
大西桥镇河桥村

　　河桥村位于西秀区东部，大西桥镇东北面，距安顺市区约20 km。全村共 383 户 1867 人，其中仡佬族 344 户 1680 人，占全村人口的 90%。河桥村山清水秀，人杰地灵，地势北高南低，西高东低，境内有河流由北至南经过全村，自然条件优越。经济以农业、种植业为主。

建筑风格 Architectural Style

河桥村建筑材料以石、砖为主，民居建筑由砖和水泥砌墙、瓦盖顶等组成，具有鲜明的地方民族特色。

民族文化 Ethnic Culture

河桥村历史悠久，元代时，夜郎后裔曾在此居住，古老的仡佬族逐步形成村寨。河桥村的民族文化活动有三月三山神节、七月七吃新节、十月初一敬牛节等。

西秀区
黄腊乡龙青村

总体简介

　　龙青村位于安顺市西秀区东部，隶属于西秀区黄腊布依族苗族乡人民政府，距安顺市区 55 km。全村共 378 户 1775 人，其中布依族、苗族共 220 户 1070 人，占全村人口的 60%，是一个布依族、苗族聚居的自然村寨。经济以农业、种植业为主。

建筑风格 Architectural Style

龙青村各个村寨均始建于明代初期，民居错落有致，依山傍水。建筑材料以石、砖为主。布依族、苗族民居建筑由砖和水泥砌墙、瓦盖顶等组成，建筑风格与自然环境极其融洽，具有鲜明的地方民族特色。

民族文化 Ethnic Culture

龙青村民风淳朴，至今依然保存着布依族、苗族的民族文化和习俗，文化底蕴深厚，各种民歌、民俗等民族文化得到有效传承。龙青村少数民族节日有六月六、布依粽子节、四月八、七月十三、苗王节、芦笙舞节、唢呐节等。民族文化保留完整，有完整的布依话、苗话。特色食品有腊肉、香肠、血豆腐、干豆腐、蒸炸面、粽子、糍粑、印子粑、汤圆粑、布依米酒、葡萄泡酒、传统的水碾米等。

西秀区
杨武乡平田村

总体简介

　　平田村位于杨武布依族苗族乡北部，距安顺市区 34 km。全村辖 5 个自然村，8 个村民小组，共 698 户 2889 人，其中苗族 403 户 1680 人，占全村人口的 58%。平田村由原来的蒙弄村、塘寨村合并而成，始建于明代，自建村以来已有 600 多年历史。经济以种植业为主。

建筑风格 Architectural Style

平田村民居多为木石结构，屋架为木构，有悬山顶和硬山顶，墙以石砌，石板盖顶。二楼多从侧面上楼，靠檐口装有美人靠。建筑色彩以杉木色、青黑色、石灰白为主。

民族文化 Ethnic Culture

平田村居住有汉族、苗族、布依族等几个民族，主体少数民族为苗族，苗族风情浓厚，传统文化有刺绣、舞蹈、山歌、芦笙舞、敬酒歌、跳花等；传统节日有三月三、四月八、六月六等。

镇宁布依族苗族自治县
双龙山办事处大寨村

总体简介

　　大寨村位于安顺市镇宁布依族苗族自治县大山镇东北面，距县城 12.5 km。全村共 997 户 4737 人，其中布依族 3525 人，占全村人口的 74%。大寨村是典型的布依族村寨，新中国成立之前叫风仪村，地处黄果树至龙宫的黄金旅游线上，依山傍水，风光秀丽，是全国"美丽乡村"创建示范点。经济以旅游业和种植业为主。

建筑风格 Architectural Style

大寨村民居特色显著，保存完整。全村民居以石墩砌墙、石板盖顶的建筑特色为主，最为显著的是村委办公综合大楼。村里的少数民族特色建筑占全村建筑的95%。

民族文化 Ethnic Culture

大寨村民族文化以布依族文化为主，村民喜爱唱歌，有布依族山歌好花红、布依族盘歌等。节庆主要有六月六、三月三等。在生产禁忌上有"禁忌日"，如大年初一忌出工，响第一次春雷后，忌耕种七天，四月八忌拉牛耕田等。

关岭布依族苗族自治县
关索街道办事处月亮湾村

总体简介

　　月亮湾村位于关索街道办事处西北部，距办事处 7 km，是一个以布依族为主的少数民族村寨。全村辖 9 个自然村，共 811 户 3290 人，其中布依族 2748 人，占全村人口的 84%。月亮湾村在"十二五"期间入选"省级少数民族特色村寨"。经济以农业为主。

建筑风格 Architectural Style

月亮湾村民居建筑特点突出，特色建筑为石板房，干栏式结构，分为三层，底层关牲畜，中间一层住人，上层存放粮食。主要使用椿树、楸树、梓树、槐树、杉树等材料修建，民居建筑保存完好。

民族文化 Ethnic Culture

月亮湾村有祈愿丰收、缅怀祖先的祭祀仪式以及年节、三月三、四月八、端午节（驱害节）、六月六、吃新节等传统民族节日；有独具民族特色和地域特色的盘江小调、竹筒情歌、姊妹箫、竹竿舞、铜鼓十二调、织布舞、春碓舞、响篙舞、生产舞、丰收舞等民族歌舞；有冲龙、玩龙、水龙、"答地答奢"等民族体育活动；有老庚酒、糯米粑、鸡八块（八块鸡）、血豆腐、粽子（枕头粽、三角粽、灰粽）等布依族特色美食；有蜡染裙、织锦蜡染衣服、围腰、织锦、挑花、刺绣等特色服饰；以及竹编斗笠、竹编提篮、竹编箐箕、竹编囤萝、草编画、草凳等民族艺术品。

紫云苗族布依族自治县
格凸河镇坝寨村

总体简介

　　坝寨村位于安顺市紫云苗族布依族自治县宗地镇、格凸河镇交界处，地处格凸河镇东南面。全村辖 12 个村民小组，共 729 户 2892 人，其中苗族 2602 人，占全村人口的 90%。坝寨村是一个具有少数民族文化代表性的村寨。经济以种植业和旅游业为主。

建筑风格 Architectural Style

坝寨村旧房以干栏式建筑为主，传统民居保存情况良好。村中有东拜王城遗址。

民族文化 Ethnic Culture

坝寨村操麻山次方言，属苗族的西部方言，操麻山次方言苗族是贵州苗族的一个分支，亚鲁王的后裔。千百年来，不管山外世事如何变化，坝寨村人始终过着半隐居的生活，至今还传承着竹王崇拜文化，保存着亚鲁王民风民俗等奇特风俗以及独特的装束，整个村子有着浓浓的苗寨风情。

普定县
城关镇陇财村

总体简介

　　陇财村位于普定县城北面，距县城 7.5 km，由原陇嘎村和财兴村合并而成。全村辖 7 个自然村，共 846 户 3648 人，其中布依族 3319 人，占全村人口的 91%。陇财村先后荣获国家级"双诚信、双承诺"示范点、市级"五好"基层党组织、计生示范村、县级党风廉政示范点等光荣称号。经济以乡村旅游业为主。

建筑风格 Architectural Style

陇财村的标志性建筑主要是占地 1000 多㎡的布依族文化活动广场，场内安装有体现布依族文化内涵的大铜鼓、布依浮雕文化墙等。村寨传统民居以石头房为主，现 70% 已改造为青瓦白墙。

民族文化 Ethnic Culture

陇财村传统节日主要是六月六。民族服饰是传统的布依族服饰，民族歌舞有布依族铜鼓十二调、布依唢呐舞、迎宾舞、布依蜡染舞、竹竿舞、布依铜鼓舞等，传统饮食有油团粑、染饭花、布依粽粑等，传统手工艺有布依族织锦、刺绣和蜡染。《布依鼓铜庆丰收》等节目在 2008 年"多彩贵州"舞蹈大赛安顺市选拔赛中荣获第二名，在县、镇等比赛中屡获嘉奖。

平坝区
夏云镇小河湾村

　　小河湾村位于平坝区夏云镇，距平坝区人民政府驻地 7 km。全村共 56 户 238 人，全为苗族。2015 年被评为贵州"十佳最美乡村——最具投资潜力乡村"、贵州省舞蹈创作培训基地、贵州省音乐创作培训基地。经济以旅游业和种植业为主。

建筑风格 Architectural Style

早期小河湾村的民居建筑很原始，由土墙、茅草、竹篾组成。20世纪70年代出现了砖瓦房，之后砖混结构的二层瓦房逐渐成为主流。现在的小河湾村以整齐漂亮的"小洋楼"为主，打造传统与现代相结合的苗族建筑风格，斜屋面、白粉墙、雕花窗等，老式建筑已难觅踪影。

民族文化 Ethnic Culture

小河湾村有独特的祭祀和节庆活动，其中气氛热烈，独具特色的有正月跳花节、二月二祭神树、四月八牛王节、七月半祭祖等。每逢节庆日，村民欢聚一处，载歌载舞。在办喜酒或特殊节日时，他们会穿戴民族服饰，女子穿又尖又翘的布鞋、花边褶裙，戴尖帽；男子穿长衣，束腰带，包套头，穿草鞋或布鞋。小河湾村的苗族婚礼很有特色，接亲时，人人穿戴苗族服饰，女方家设"拦门酒"、摆长桌宴、喝"跑马"酒、"扯鸡舌头"、读祝词。

平坝区
白云镇邢江村

　　邢江村位于平坝区南部，由原小河村、浪塘村、邢江村合并而成。全村辖 12 个自然村、16 个村民小组，共 728 户 3047 人，其中布依族 2497 人，占全村人口的 82%。自夜郎国之时，邢江村就是"大河十三寨"的中心，素有"鱼米之乡"的美称，是贵州高原上的"江南水乡"。经济以传统种植业为主。

建筑风格 Architectural Style

邢江村村民傍水而居，民居为三开间的瓦顶楼房，过去多以竹篱或苞茅秆作楼板和围墙，20世纪70年代后全改为木板。正墙多数用夯土筑，近年逐渐改用砖砌，两侧多以竹篱和杉木板作壁。靠门一边全部用木板装栅，有的人家的门楣还以彩绘和木雕装饰。牛、马、猪、鸡的厩房，均建在正屋周围。

民族文化 Ethnic Culture

邢江村布依族传统节日有六月六，每年的这一天，都会举行纪念活动，届时布依族同胞要披银饰、穿新衣、蒸制糯米饭等，并聚集到固定的地方跳舞或对唱情歌。除此之外还要举行地戏、抵杠、赛歌、吹唢呐、吹木叶、荡秋千、武术、茶灯等优秀的文艺表演。布依族服饰喜用青色、蓝色、白色3种颜色。

开发区管委会
宋旗镇平寨村三合苗寨

总体简介

　　三合苗寨位于宋旗镇中部，距安顺市中心约 11 km。三合苗寨（原石头寨自然村）共 153 户 583 人，全为苗族，是典型的苗族村寨，苗族文化保存完好。该苗寨自然条件好，地势平坦，依山傍水。经济以乡村旅游业为主。

建筑风格 Architectural Style

三合苗寨的房屋建设理念沿袭了苗族的民族元素，民居中点缀的蜡染图案，让人一眼就能分辨出苗家人居住的苗寨建筑。结合三合苗寨传统的手工艺蜡染，该村被定为蜡染村，以蜡染元素为主，装饰建筑物，修建蜡染文化墙。

民族文化 Ethnic Culture

三合苗寨村民热情好客、民风淳朴，具有传统的民族文化和民间艺术，蜡染、绣花、刺绣、山歌、地戏、花灯等各具特色。每逢苗家节庆日子，这里载歌载舞、山歌嘹亮。苗家芦笙、传统二胡、口吹木叶奏响一方。苗家医药、苗家手工艺、苗家美食的名声更是远播五湖四海。语言交流仍保持着原有的苗家语言，服饰穿着至今保留完好。

龙宫管委会
龙宫镇龙潭村

　　龙宫镇龙潭村位于安顺市西南面，距市中心 27 km，是龙宫风景名胜区核心所在地，连接黄果树景点及云峰八寨景点，交通十分便利。村里共 471 户 1907 人，其中布依族 1386 人，占全村人口的73%。龙潭村植被覆盖率达90%以上，具有丰富的旅游资源、矿产资源、生物资源、水文资源和良好的投资环境，是世界喀斯特风光旅游优选区和贵州西线旅游中心。经济以旅游业和传统产业为主。

建筑风格 Architectural Style

龙潭村是一个具有布依族特色的村寨,民居特点是石板房顶、木窗、木门、石板墙。全村石板房民居占 97%,形成一道独特风景。

民族文化 Ethnic Culture

龙潭村是布依族村寨,保存有三年一次的拉龙扫寨节和六月六等布依族传统节日,民族文化氛围浓厚,民族风情浓郁。有腊鸡块、血豆腐、糯米粑、鸡八块等布依特色美食;还有悠扬的木叶、独特的民族婚俗、美不胜收的蜡染服饰。六月六是布依族同胞的传统节日,每年的这一天,布依族同胞都要披银饰、穿新衣、蒸制糯米饭等,并且会聚集到龙潭村风情街固定的地方跳舞或对唱情歌。

铜仁市

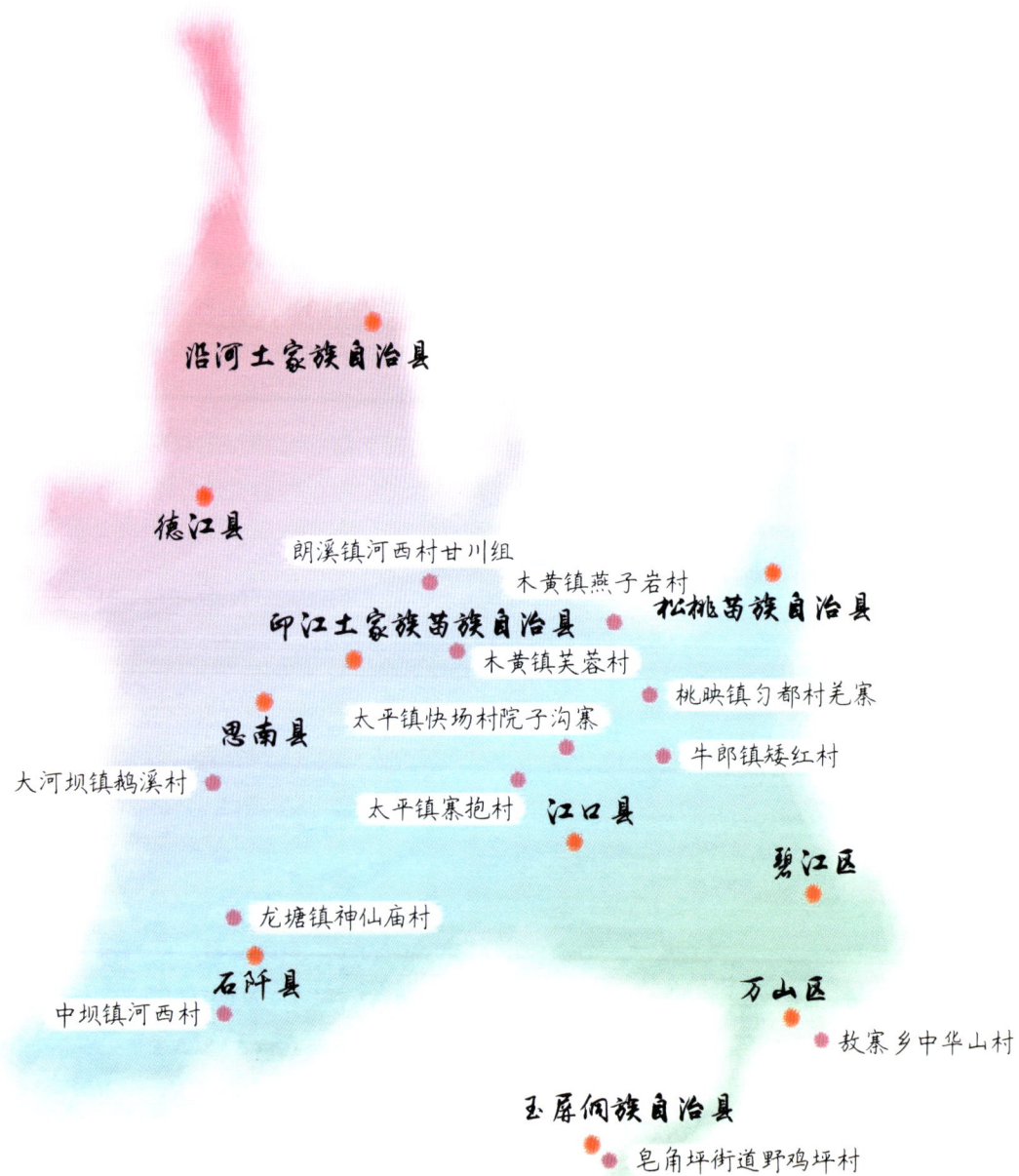

沿河土家族自治县

德江县

朗溪镇河西村甘川组

木黄镇燕子岩村

印江土家族苗族自治县

松桃苗族自治县

木黄镇芙蓉村

桃映镇匀都村羌寨

太平镇快场村院子沟寨

思南县

牛郎镇矮红村

大河坝镇鹅溪村

太平镇寨抱村

江口县

碧江区

龙塘镇神仙庙村

石阡县

万山区

中坝镇河西村

敖寨乡中华山村

玉屏侗族自治县

皂角坪街道野鸡坪村

第二批中国少数民族特色村寨铜仁市分布示意图

玉屏侗族自治县
皂角坪街道野鸡坪村

　　野鸡坪村位于玉屏县城西南，全村辖 6 个村民小组，共 305 户 1065 人，其中侗族 1005 人，占全村人口的 94%。野鸡坪村属典型的北侗民族聚居村寨，区域内主要以山地、良田、大坝、河流为主，有天然"盆地"，号称玉屏"天府之国"。

建筑风格 Architectural Style

野鸡坪村的鼓楼、飞凤桥是玉屏侗族建筑的典型代表。采用侗族擅长的石木建筑工艺，鼓楼、风雨桥是其建筑艺术的结晶。鼓楼为木质结构，以榫头穿合，不用铁钉。飞凤桥，即是风雨桥，俗称"花桥"，是石墩木桥，长廊桥道，桥亭重瓴联阁，雄伟壮丽，是野鸡坪村的标志性文化古建筑。

民族文化 Ethnic Culture

野鸡坪村的侗族文化艺术丰富多彩，有"诗的家乡，歌的海洋"之美誉。侗族诗歌的韵律严谨，题材广泛，情调健康明朗，比喻生动活泼，是侗族民间文学的一项极为珍贵的文化遗产，一领众和、多声合唱的"大歌"声音洪亮，气势磅礴，节奏自由。野鸡坪村有赶坳、侗族民歌（大歌、酒歌、山歌等）、侗族傩戏、傩技表演等民族习俗；民族传统节日有九月九、六月六等，节日期间周围山寨都要到这里来走亲访友，把酒放歌，传达情感。

万山区
敖寨乡中华山村

总体简介

　　中华山村隶属于万山区敖寨侗族乡，位于乡人民政府驻地，距万山城区 12 km，万麻（万山至麻江）公路穿境而过，为该村的发展创造了极好的条件。中华山村辖 22 个村民小组，共 917 户 3214 人，其中侗族 2985 人，占全村人口的 93%。中华山村风景优美，植被覆盖完好，森林覆盖率达 75% 以上，是万山区同步小康创建示范村。

建筑风格 Architectural Style

中华山村民居一般都是一楼一底、四榀三间的木结构房。当地建房有一规矩，即围绕鼓楼修建，正屋是主要部分，一般坐北朝南。屋面覆盖小青瓦，四周安装木板壁，或者垒砌土坯墙。

民族文化 Ethnic Culture

中华山村建于元代以前，历史悠久，村寨侗族风情和特色较浓郁，民族文化底蕴深厚，有鼗锣、龙灯等民族文化活动，以及民族文化墙、民族文化广场等民族文化设施。中华山村成立了一支鼗锣、龙灯表演队伍，经常开展极具侗族特色的民族活动表演。村中的中华山寺是万山区四大宗教场所之一，香火旺盛，佛教文化极其浓厚。

松桃苗族自治县
牛郎镇矮红村

总体简介

矮红村位于松桃苗族自治县牛郎镇西南部 20 km 处，距松桃县城 65 km。全村辖 6 个村民小组，253 户 1217 人，均为苗族。

建筑风格 Architectural Style

矮红村的主要传统建筑为木房民居、吊脚楼，整体保存完整，大多建于清中晚期、民国年间。木房采用苗家吊脚楼、四合院、三合头等样式风格，现保存完整的有 100 余栋吊脚楼。民居是一排三间至一排七间，有的配有厢房成为三合院、四合院。

民族文化 Ethnic Culture

矮红村内保存有完好的清乾隆年间战争遗址（古城墙、战壕）以及反映苗族生产生活的水车、传统水碾、水磴等；保存有完整的苗家语言、古朴的苗家文化生活习俗和典雅的苗家吊脚楼；还保存着具有观赏和学术考察价值的苗族傩文化、神秘的巫文化。矮红村遗留有原始的戏曲形式——苗族傩戏，苗族傩戏被称为戏剧的"活化石"，演出的内容大都是反映苗族迁徙、繁衍和民风民俗的传说故事。

江口县
太平镇寨抱村

寨抱村地处梵净山要道（如意大道）上，村内有贵州第一沟"亚木沟"风景区。全村辖7个村民小组，共360户1224人，其中土家族840人，占全村人口的69%。村寨建于明清时期，现还保留农耕文化陈列室。寨抱村的特色产业有畜牧业、种植业、旅游业等。

建筑风格 Architectural Style

寨抱村的古民居多是以筒子屋、三合院、四合院为主的干栏式建筑，翘角白沿，廊橼相接，青瓦若鳞，气势恢宏，十分古朴壮观。特别是吊脚楼上各色各样的雕花栏杆，虽被岁月的烟尘熏得黢黑，但巧妙的构思，精湛的工艺，着实让人叹服。在造型设计上，有方、有圆、有斜，万字格、福寿图、花卉、动物及各种水果皆入画图，千差万别，栩栩如生，充分展现了历代土家族人民的勤劳智慧和对生活的热爱与追求。

民族文化 Ethnic Culture

寨抱村经历近千年的漫长岁月，仍然保留着赶年、过社、四月八、六月六、七月半等土家族的民俗文化，与原始农耕文化、秀美的山水相融，形成了集山、水、民俗文化于一体的神奇世界，是一块神秘宜居、绿色生态、古朴原真的"世外桃源"。傩戏、山歌、情歌、哭嫁歌、摆手舞、金钱竿舞、竹竿舞、团结舞等民间艺术文化丰富多彩，源远流长。

江口县
桃映镇匀都村羌寨

羌寨位于海拔 1200 m 的香炉山上，与松桃苗族自治县苗王沙坝接壤，距江口县城 35 km，是渝怀铁路江口火车站所在地。全寨共有 65 户 285 人，其中羌族 270 人，均为胡姓，寨中部分田姓、石姓均为苗族。羌寨的特色产业有畜牧业、种植业等。

建筑风格 Architectural Style

羌寨的历史性建筑和特色民居以木房为主，建成于明清时期。99% 的民居为青瓦木房，依山而建，具有较好的保护价值。

民族文化 Ethnic Culture

羌寨民族文化以羌族文化为主，民族舞蹈羊皮鼓舞生动地反映了古羌族人民的生活状况、宗教信仰和内心世界。羊皮鼓舞的舞蹈动作多为在双膝不断地颤抖中，手持羊皮鼓，连续表演"持鼓绕头""屈腿左右旋转""旋摆髋部"等复杂多变的动作。羊皮鼓舞由男性表演，表演时由头戴插着野鸡鸡翎和彩色纸条的金丝猴皮帽，手持铜响盘、神棍的释比领舞，动律多为上下左右跳跃，其余舞者跟随其后，用皮鼓和盘铃伴奏。每年农历十月初一日过羌年，全寨人一起杀猪、宰羊、跳羊皮鼓舞、吃长桌宴，庆祝一年的丰收。

江口县
太平镇快场村院子沟寨

总体简介

院子沟寨隶属江口县太平镇，位于梵净山环线，距县城25 km。全寨101户421人，其中土家族389人。村寨山清水秀，人杰地灵，与云舍土家寨、寨沙侗寨形成少数民族特色村寨廊带。寨中有一道河流蜿蜒盘旋，河上面横跨一座平板桥，命名为"连心桥"。院子沟寨的特色产业有种植业、旅游业等。

建筑风格 Architectural Style

院子沟寨的历史性建筑和特色民居主要以青瓦木楼为主，始建于明清时期，传统木质结构民居占 95%。

民族文化 Ethnic Culture

院子沟寨民族文化以土家族文化为主。农历三月三为传统的清明节，节日当天村民以祭社神和给自己的祖先挂清扫墓的方式，教育本民族村民不忘初心，感恩戴德。院子沟寨还有土家文化花灯、铜锣和傩戏以及民间山歌等，以此丰富土家族文化和生活，并且代代相传。

印江土家族苗族自治县
木黄镇芙蓉村

芙蓉村位于木黄镇北部。全村辖 14 个村民小组，共 480 户 1563 人，其中土家族 1230 人，占全村人口的 79%。芙蓉村是梵净山环线公路上平地面积最宽阔、群众居住最为集中的村，也是离梵净山国家级自然保护区最近的盆地地貌村寨。源于梵净山深处的芙蓉河汇集若干支流，形成主流环绕整个村落。全村森林覆盖率达 79% 以上，30% 行政区划面积位于梵净山国家级自然保护区的绝对保护区内。

建筑风格 Architectural Style

芙蓉村建筑以土家族的木房屋为主，石板房、吊脚楼等土家族民居别具风格。随着社会经济的不断发展，新建和改造的少数民族特色民居整体上与村寨原有建筑风格统一协调，充分地体现了民族文化元素。

民族文化 Ethnic Culture

芙蓉村里的兴隆风雨桥、海马寺、摩崖石刻、张家营盘等多处历史文物保存完整，精湛技艺的芙蓉花雕刻"福"文化在芙蓉村广为盛行，土家族摆手舞、茅古斯舞、傩戏、狮子灯、八宝铜铃、祭风神、土家山歌等民间文化艺术得到较好的传承。

印江土家族苗族自治县
木黄镇燕子岩村

　　燕子岩村位于木黄镇南部 2 km 处。全村辖鱼泉、甘田嘴、燕鸣和燕兴 4 个村民小组，共 354 户 1236 人，其中土家族 958 人，占全村人口的 78%。燕子岩村始建于明清时期。作为金厂河流域的村落之一，燕子岩村水资源丰富，50 hm² 良田养育着燕子岩的村民，村中风景优美，交通便利，燕鸣鱼泉水质清澈，省级文物保护单位的田氏宗祠在岁月中见证着地方的发展。

建筑风格 Architectural Style

燕子岩村建筑以土家族的砖瓦、砖木房屋为主；坐落于燕子岩村村口的田氏宗祠更是把土家族建筑风貌与徽派建筑有机结合；特色民居比例为60%。村中现存的传统民居和古建筑多为土家族的瓦檐木房，房屋布局体现了土家族传统村落与自然一体的建筑文化特色。

民族文化 Ethnic Culture

燕子岩村建有田氏宗祠、鱼泉寺、田士珍故居、钟氏宗祠。土家族摆手舞、茅古斯舞、傩戏、狮子灯、八宝铜铃、祭风神、土家族山歌等民族文化艺术得到较好的传承，并与周边人文自然环境交相辉映。

印江土家族苗族自治县
朗溪镇河西村甘川组

总体简介

　　甘川自然村寨位于印江县城东部，距县城 12 km。甘川自然村寨有 3 个村民小组，168 户 580 人，其中土家族 521 人，占全村人口的 90%。2009 年被列为县级新农村示范点；2011 年被列为贵州"最具魅力民族村寨"之一。

建筑风格 Architectural Style

　　甘川自然村寨民居多为木房，采用穿斗式结构。主要由落地柱子和骑柱承载檩条，再由穿枋和挑枋连接起来构成主要承重部件。屋顶多为两面坡悬山顶，小青瓦，屋脊用瓦片堆砌，中间大多垒成古钱币形或"品"字形。

民族文化 Ethnic Culture

　　甘川自然村寨历史上（唐开元年间）为思王县的一部分，是土家族聚居的自然村寨，有悠久的手工业传统，当地制作的犁铧在省内享有盛名。有古营盘建造工艺，封存着许多体现民族气节和民族精神的遗迹，历史文化底蕴十分厚重。

石阡县
龙塘镇神仙庙村

神仙庙村位于龙塘镇人民政府驻地东部，距石阡县城12 km。神仙庙村是一个以侗族、苗族为主的多民族杂居的村寨，全村共辖 11 个村民小组，415 户 2093 人，其中侗族 1334 人，占全村人口的 64%。神仙庙村以茶产业为主导，主产水稻、玉米、小麦等粮食作物；经济作物有茶叶、油茶、油菜、花生等；并且矿产资源丰富，有石膏、硫黄等。该村属于喀斯特地形地貌，地质构造复杂。

建筑风格 Architectural Style

神仙庙村保留下来的古民居属穿斗式建筑，是用穿枋把柱子串起来，形成一榀榀房架，檩条直接搁置在柱头，在沿檩条方向，再用斗枋把柱子串联起来，由此形成屋架。穿斗式木构架用料少，整体性强，但柱子排列密。穿斗式结构的主要特点是整体结构的高度完整性，沿房屋的进深方向按檩数立一排柱，每柱上架一檩，檩上布椽，屋面荷载直接由檩传至柱。每排柱子靠穿透柱身的穿枋横向贯穿起来，成一榀构架。

民族文化 Ethnic Culture

神仙庙村每年 5 月举办"黔茶飘香·品茗健康"茶文化节。"泉·茶"姑娘和乡土文艺人才美轮美奂的倾情表演，充分展现了石阡深厚而又独特的苔茶文化与温泉文化，来宾朋友在赏茶、品苔的同时，体验到了一场温馨、优雅泉茶合璧的文化大餐。这里还有茶香弥漫的罐罐茶，燃烧的木炭、土陶罐、鲜亮的茶叶、吹火筒、鹤发童颜的老人、"石阡罐罐茶"的牌子……这里自古就有喝罐罐茶的习俗，随便走进一农户家就可寻觅到火塘和茶罐的身影，石阡的罐罐茶不是泡而是煮的，统称为"炖茶"，其制作并不复杂，将茶罐放于火上，待罐内的水煮沸时放上所需茶叶，直到茶叶又一次煮沸时才算将罐罐茶煮好，方可倾茶入碗。喝罐罐茶是石阡人招待亲朋的一道特别的饮料，大家会经常围坐火塘，边喝罐罐茶，边家长里短。同时也是农家人自己消除疲劳的一种方式。

石阡县
中坝镇河西村

总体简介

　　河西村位于石阡县城南面 8 km 处，属中亚热带季风湿润气候，以中低山及丘陵地貌为主，地势高低起伏大，境内植被茂密，水源水质极佳，森林覆盖率达 47%。河西村辖 9 个村民小组，共284 户 1136 人，其中蒙古族 923 人。河西村大力发展茶、经果林等传统产业的同时，招商引资，在河西大坝建设温泉休闲区。随着旅游业的发展，河西村种植的茶叶和水果也备受游客青睐，极大地促进了该村经济的发展。

建筑风格 Architectural Style

河西村的民居建筑独具特色，整个村大部分屋顶一律白色镶边，屋檐两边各有一个马头，屋檐下装饰有蒙古族特色花纹。村内建有河西蒙古族文化馆、蒙古包，还有成吉思汗的军徽——苏鲁锭。

民族文化 Ethnic Culture

河西村民族文化以蒙古族文化为主，村民穿着蒙古族袍子载歌载舞开展民族村艺术节、草地音乐节等活动，结合蒙古族草原文化开展蒙古族传统体育活动，推出草原亲子嘉年华、音乐盛典、篝火晚会等系列活动。

思南县
大河坝镇鹅溪村

　　鹅溪村距大河坝镇人民政府驻地 3 km，距思南县城 12 km，是全县"一事一议"财政奖补示范村、同步小康创建示范村、AAAA 级乡村旅游示范村。鹅溪村由 6 个村民小组组成，鹅溪河穿寨而过。全村有 284 户 1118 人，其中土家族、苗族 980 人。农户经济来源以乡村旅游、畜牧养殖、种植、经营农家乐和外出务工为主，粮食种植以水稻、玉米、红薯、马铃薯为主。

建筑风格 Architectural Style

鹅溪河穿寨而过，村寨民居建筑傍山而坐，顺势而建。每栋房屋由座子屋和楼子屋组成，建筑以木质为主，青瓦盖面，有雕梁画栋的墙壁，房屋鳞次栉比，错落有致。村落保存了较完整的传统土家族建筑。

民族文化 Ethnic Culture

鹅溪花灯舞起源于古老的汉族民间"灯儿戏"，后来吸收了土家族民间艺术精华，逐渐发展成为一种格调新颖、舞姿生动、妙趣横生，为土家族人民喜闻乐见的艺术形式。鹅溪花灯舞将计划生育政策、"一事一议"奖补政策等党的各项惠民政策编成人们喜闻乐见的段子。思南花灯戏于2006年被列入了国家级非物质文化遗产名录，鹅溪花灯舞是其中的重要组成部分，其艺术价值和观赏价值颇高。

毕节市

八堡彝族苗族乡新开村

金沙县

七星关区

核桃彝族白族乡木寨村

百里杜鹃管理区

龙街镇大寨村

凤山彝族蒙古族乡店子村

赫章县

普底彝族苗族白族乡迎丰村

秀水乡秀中社区

大方县

黔西县

兴发苗族彝族回族乡中营村

威宁彝族回族苗族自治县

纳雍县

织金县

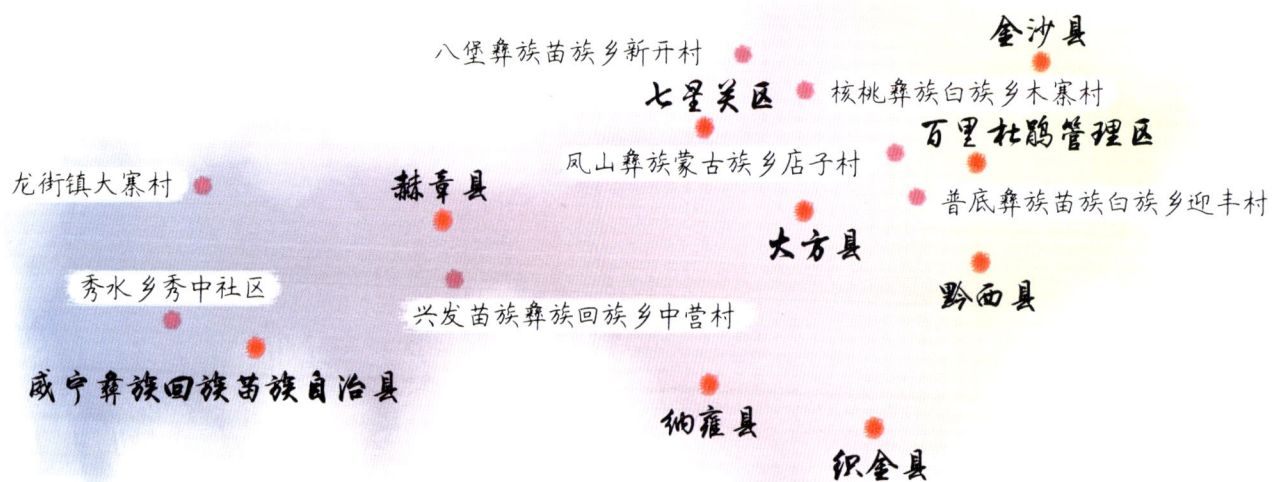

第二批中国少数民族特色村寨毕节市分布示意图

大方县
八堡彝族苗族乡新开村

　　新开村位于八堡彝族苗族乡南面，距乡人民政府驻地 4 km，面积 10.8 km²，　辖 12 个村民小组，1102 户 4160 人，实施"同心工程"的新寨一、二、三、四组是苗族聚居的村寨。新开村是黔西北地区苗族相对聚居的大苗寨之一，以种植业、养殖业、苗族服饰手工业等为主要产业。

建筑风格 Architectural Style

新开村依山傍水，村寨依山而建，沿等高线排列，错落有致，多为明清时期的建筑。苗族民居民族特色浓郁，在风格上有干栏式与吊脚楼式，屋顶盖瓦。弹石铺就的路面，一正两厢的苗家民居，整齐划一的门面，高大气派的寨门无不表露出新开苗寨的华丽，放眼望去，一间间黔西北民居尽收眼底，一栋栋百年古屋耸立其间。

民族文化 Ethnic Culture

新开村具有浓郁的红色文化，1985 年和 2012 年两次维修改造后的"红军坟"，如今成为大方县爱国主义教育基地，苗族同胞培土植树，用苗族传统的祭奠方式进行祭奠活动，以表示对革命先烈的敬意。时至今日，新开村还传承着蜡染、刺绣、纺织等苗族传统手工艺，留存水花酒酿制秘方，保存有苗族民间中草药配制秘方，是非物质文化的活化石。特色食品有"鸡八块""盖碗肉"等。

大方县
核桃彝族白族乡木寨村

　　木寨村位于核桃彝族白族乡北面，面积 7.27 km²，东临达溪镇达溪村，南抵核桃彝族白族乡双龙村，西靠核桃彝族白族乡中坝村，北接达溪镇坝子村。本村辖 10 个村民小组，共733 户 2743 人，其中白族 235 人。全村实现户户通电、通水，交通便利，有大纳（大方至纳溪）公路横贯而过，基本实现组组通公路。电话覆盖率达 90%，卫星电视覆盖率为 100%，家用能源主要有电、煤气、煤和沼气。

建筑风格 Architectural Style

木寨村民居通常采用中原殿阁造型，飞檐串角，但多用石灰塑成或砖瓦垒砌。除大门瓦檐裙板和门楣花饰部分用木结构外，均以砖瓦结构为主。木质部分凿榫卯眼相结合，与砖瓦部分错落有致，精巧严谨。楼面以泥塑、木雕、彩画、石刻、大理石屏、凸花青砖等组成丰富多彩的立体图案，富丽堂皇，古朴大方。

民族文化 Ethnic Culture

白族同胞一直有信奉观音的习俗，每年的农历二月十九、农历六月十九，木寨村的白族同胞就会聚在一起，到观音山敬奉观音菩萨，祈求一年风调雨顺，合家安康。每年除夕、农历正月十五、农历七月十三，每家都会祭祀祖先，以求祖先保佑家人平安。

大方县
风山彝族蒙古族乡店子村

　　店子村距乡人民政府所在地约 1 km，距大方县城仅 20 km，辖 8 个村民小组，899 户 2679 人。店子村以汉族、彝族、蒙古族等民族为主，其中少数民族占全村人口数的 41%。少数民族以彝族居多，主要是水西政权安氏及其部属的后裔，部分则属于改土归流前迁徙至彝族地区的其他民族，而后融入彝族之中。另外，店子村还有大量迁徙而入的蒙古族居住，为店子村发展民族文化旅游注入了新的活力。

建筑风格 Architectural Style

店子村民居为典型的黔西北民居，多为夯土墙小青瓦平房和茅草房，建筑材料以土、石、黏土砖、石板等为主。外形上多为悬山顶小青瓦屋面，建筑色彩以青黑色、石灰白为主。

民族文化 Ethnic Culture

在民族特色食品方面，因村中主要为彝族及蒙古族，口味偏重，有地道的民族本味牛肉、羊肉，以及农家特色的坛子肉、辣椒鸡、酸汤豆腐、荞粑粑等地方特色美食。此外，轻扬的彝族舞姿，豪迈的蒙古族舞蹈，动听并使人无法拒绝的彝家敬酒歌及彝族、蒙古族特有的民族婚礼都是一绝。同时整个高原组的百姓都会跳大型舞蹈"乌蒙欢歌"。

威宁彝族回族苗族自治县
龙街镇大寨村

总体简介

大寨村地处龙街镇北部，距镇人民政府驻地 3 km，距威宁县城 64 km。全村辖 8 个村民小组，617 户 2630 人；少数民族共 2290 人，占全村人口的 87%，其中苗族 1920 人，占全村人口的 73%。大寨村为苗族迁徙后自然聚居形成的村寨。经济以种植业、养殖业为主。

建筑风格 Architectural Style

大寨村民居属黔西北民居，多为夯土墙小青瓦平房和茅草房，建筑材料以土、石、黏土砖、石板等为主。外形上多为悬山顶小青瓦屋面，建筑色彩以青黑色、石灰白为主。

民族文化 Ethnic Culture

大寨村的民族节日以苗族花山节为主。每年花山节期间，各地苗族同胞齐聚大寨村花场，载歌载舞，举行射箭、斗牛、爬天梯等文艺活动欢庆佳节。大寨村表演的节目《垒营盘》为省级非物质文化遗产。《垒营盘》《阿作》《永唱苗家歌》《映上红》《我是苗族》等苗族歌舞节目，具有鲜明的民族特色，舞蹈动作难度高，极具观赏性。大寨村流传着较为完整的民族古诗歌，诗歌可以大致分为创世史诗、英雄史诗、酒歌、苦歌、反歌、情歌、儿歌、意谣等，其中较有名的有《则夏老歌》《格炎爷老和格池爷老歌》《盘歌》等。

威宁彝族回族苗族自治县
秀水乡秀中社区

总体简介

　　秀中社区位于云贵高原乌蒙山区的高原盆地——秀水坝子里，距威宁县城46 km。全村辖4个村民小组，共640户2460人，其中回族1700人，占全村人口的69%。主要产业为现代烟草循环农业和观光农业。

建筑风格 Architectural Style

秀中社区民居以回族民居为主，房屋结构注重实用功能，采取量力而行、勤俭节约的方法建造。材质有茅草、土木、石木、全木、砖木、钢筋砖瓦。屋顶屋脊或墙立面上都有装饰。色彩有杉木色、青黑色、石灰白。

民族文化 Ethnic Culture

秀中社区的回族饮食文化丰富，清真餐饮、回族小吃随处可见，种类繁多，荞面汤、荞凉粉、花粑粑、罐罐茶等丰富多彩；秀水牛干巴品质优良，色鲜味美，具有独特的地方民族特色，远近闻名，备受青睐。

赫章县
兴发苗族彝族回族乡中营村

　　中营村位于兴发苗族彝族回族乡西北部，距乡人民政府驻地 7 km，是兴发苗族彝族回族乡 16 个行政村之一。地形以山地为主，地下溶洞星罗棋布，为发育较好的喀斯特地貌。全村共有 514 户 2176 人，其中彝族 733 人，占全村人口的 34%；回族 319 人，占全村人口的 15%；苗族 176 人，占全村人口的 8%，是一个典型的多民族散杂居村寨。经济以种植业、养殖业、旅游业为主。

建筑风格 Architectural Style

中营村民居多数以小青瓦楼房为主，下面是平房，上面顶层盖有小青瓦。主要是青瓦、粉墙、小青楼式建筑。苗族同胞主要以红色为主，房子顶层有牛头式样的标志性建筑，墙面上有苗族同胞服饰图案；彝族同胞主要以红色、黑色为主，房屋墙面有火把图案；回族同胞主要以黄色、蓝色为主，窗户边框为蓝色，墙面上有回族服饰图案。

民族文化 Ethnic Culture

中营村是一个以彝族、苗族、回族为主的少数民族聚居村，每逢节日，各族群众都身着盛装，欢聚一堂，举行对山歌、骑马比赛、滚地龙、跳铃铛舞等多种多样的活动，其中苗族的"花场""芦笙舞"，彝族的"对山歌""酒礼""铃铛舞"，回族的古尔邦节、开斋节等活动丰富多彩，弘扬和繁荣了少数民族传统文化。

百里杜鹃管理区
普底彝族苗族白族乡迎丰村

迎丰村位于普底彝族苗族白族乡南部，距离百里杜鹃核心花区大约3.5 km，辖8个村民小组，共376户1475人，其中彝族1241人，占全村人口的84%。迎丰村主要作物为玉米，经济作物以烤烟、辣椒、马铃薯为主，是"生态迎丰、产业迎丰、旅游迎丰、和谐迎丰"的特色村落。

建筑风格 Architectural Style

迎丰村民居风格以彝族民居为主，建筑结构以拱架式为主。拱架式是一种木结构，它利用杠杆平衡原理，采取多层挑出，减少室内主柱，增大空间跨度。迎丰村民居门楣上画有日、月、鸟兽等图案，封檐板上刻粗糙的锯齿形和简单的图案，色彩有黑色、红色、黄色、土黄色、石灰白等。

民族文化 Ethnic Culture

迎丰村播勒黄氏沙戞寨祠堂始建于明天启三年（1623年），延续至今约400年，是黄氏族人祭祀祖先、家族议事、传扬家规、文化交流、教书育人的神圣地方，被列为县级文物保护单位。